IT kompakt

Die Bücher der Reihe „IT kompakt" zu wichtigen Konzepten und Technologien der IT:

- ermöglichen einen raschen Einstieg,
- bieten einen fundierten Überblick,
- eignen sich für Selbststudium und Lehre,
- sind praxisorientiert, aktuell und immer ihren Preis wert.

Weitere Bände in der Reihe:
http://link.springer.com/series/8297

Stefan Gerlach • Michael Schulz

# Analytische Datenmodellierung und -bereitstellung

Stefan Gerlach
Hamburg, Deutschland

Michael Schulz
NORDAKADEMIE Hochschule der Wirtschaft
Elmshorn, Deutschland

ISSN 2195-3651 ISSN 2195-366X (electronic)
IT kompakt
ISBN 978-3-658-51423-5 ISBN 978-3-658-51424-2 (eBook)
https://doi.org/10.1007/978-3-658-51424-2

Die Deutsche Nationalbibliothek verzeichnet diese Publikation in der Deutschen Nationalbibliografie; detaillierte bibliografische Daten sind im Internet über https://portal.dnb.de abrufbar.



Planung/Lektorat: Petra Steinmueller
Springer Vieweg ist ein Imprint der eingetragenen Gesellschaft Springer Fachmedien Wiesbaden GmbH und ist ein Teil von Springer Nature.
Die Anschrift der Gesellschaft ist: Abraham-Lincoln-Str. 46, 65189 Wiesbaden, Germany

# Vorwort

Die Datenaufbereitung ist das Fundament jeder Analyse – egal ob es sich um klassische Berichte im Sinne der *Business Intelligence* oder um komplexe Modelle der *Data Science* handelt. Dennoch werden diese beiden Bereiche in der Literatur häufig getrennt voneinander behandelt. Dies kann leicht den Eindruck erwecken, es handele sich um völlig unterschiedliche Disziplinen. In der Praxis überschneiden sich die Aufgaben in der Datenbereitstellung jedoch stark, und eine klare Trennung ist weder möglich noch sinnvoll. Die integrierte Perspektive steht daher auch im Mittelpunkt des vorliegenden Buches.

In zahlreichen Veröffentlichungen zur Datenbereitstellung liegt der Betrachtungsschwerpunkt zudem auf sehr detaillierten technischen Aspekten. Das ist für die Entwicklung spezieller Kompetenzen, wie sie Data Engineers benötigen, von großem Wert. Wer jedoch zunächst das große Ganze verstehen möchte, läuft Gefahr, in der Fülle der Einzelinformationen den Überblick zu verlieren.

Auch hier verfolgt dieses Buch einen anderen Ansatz: Übersichtlichkeit und Verständlichkeit stehen über Detailtiefe; es wird der Versuch unternommen, eine Vielzahl relevanter Aspekte der Datenmodellierung und -bereitstellung zu behandeln, ohne dass dabei jedoch jedes Detail aufgeführt wird. Ziel ist nicht der Nachweis von Vollständigkeit, sondern das Aufzeigen der Vielfalt. Es soll ein klares Verständnis dafür entstehen, welche Schritte typischerweise notwendig sind, um Daten in eine Form zu bringen, die für die jeweilige geplante Analyse geeignet ist – ganz unabhängig davon, ob es sich um einfache oder komplexe Analyseverfahren handelt.

Unser besonderer Dank gilt Bahne Christiansen, der mit seinen fachlichen Hinweisen und kritischen Anmerkungen wichtige Impulse für die Ausarbeitung dieses Buches gegeben hat. Ebenso danken wir den Studierendengruppen MADS24o und MADS25a, die im Rahmen von Lehrveranstaltungen wertvolle Rückmeldungen zu Aufbau und Verständlichkeit geliefert und damit wesentlich zur Schärfung der Inhalte beigetragen haben.

Hamburg, Deutschland
im Dezember 2025

Stefan Gerlach
Michael Schulz

**Competing Interests** Die Autor*innen haben keine relevanten Interessenskonflikte im Zusammenhang mit dieser Publikation.

# Inhaltsverzeichnis

# 1 Einleitung

Jede gute Analyse beginnt lange, bevor das erste Modell entsteht oder der erste Bericht gebaut wird, mit der Frage, wie Daten so vorbereitet werden können, dass sie verlässlich Antworten liefern. Mit diesem Buch sollen die vielen Schritte sichtbar gemacht werden, die zu einer tragfähigen Datenbasis führen – von der Datenbeschaffung über die Datenmodellierung bis zur Datenaufbereitung. In der Praxis beansprucht diese Aufgabe häufig den größten Anteil der Arbeit in Analyseprojekten, oft ist von 70 % oder sogar mehr die Rede. Warum das so ist und wie sich dieser Aufwand strukturiert bewältigen lässt, zeigen die folgenden Abschnitte. Sobald die eigentliche Analyse beginnt, werden die dafür nötigen Schritte in diesem Buch dagegen nicht mehr betrachtet. Die Trennlinie ist jedoch unscharf: Bereits in der Datenaufbereitung ist das Analyseziel zu berücksichtigen; zugleich können Erkenntnisse aus der Analyse eine erneute Aufbereitung der Daten erforderlich machen.

Um relevante Konzepte greifbar zu machen, arbeitet das Buch konsequent beispielorientiert mit dem fiktiven Sportverein *SC Sonnenfeld*. Der fachliche Rahmen ist dabei bewusst einfach gehalten, damit der Fokus auf Methoden und Prozessen liegt – auch wenn einzelne Verfahren dadurch für eine kleine Organisation wie den Sportverein überdimensioniert wirken, werden Beispiele zugunsten der Kompaktheit reduziert dargestellt. Ziel ist zudem nicht die vollständige Aufzählung aller etablierten Techniken,



S. Gerlach, M. Schulz, *Analytische Datenmodellierung und -bereitstellung*, IT kompakt,
https://doi.org/10.1007/978-3-658-51424-2_1

sondern die nachvollziehbare Darstellung geeigneter Vorgehensweisen. Fachbegriffe werden nur dort eingeführt, wo sie das Verständnis der Darstellung erleichtern oder wo es sich um so etablierte Begriffe handelt, dass Leserinnen und Leser ihnen zumindest schon einmal begegnet sein sollten. Vorrang haben dabei deutsche Bezeichnungen. Sind englische Termini ebenfalls oder ausschließlich etabliert, werden auch diese genannt.

Der *SC Sonnenfeld* ist ein fiktiver Sportverein, in dessen Betrieb mehr Daten anfallen, als die Betrachterin oder der Betrachter zunächst vermuten würde. Für Analysen stehen daher vielfältige Datenquellen zur Verfügung: interne Daten, Kursanmeldungen und Ergebnisse aus Befragungen der Mitglieder; Sensordaten aus dem vereinseigenen Fitnessraum, genauso wie Messwerte zu Strom- und Wasserverbrauch der Sporthalle. Ergänzt werden diese Daten um externe Quellen wie Verbandsspielpläne und veröffentlichte Ergebnisse von Ligaspielen.

Nach der Lektüre dieses Buches können Leserinnen und Leser erkennen, welche Datenaufbereitungsschritte vor der eigentlichen Analyse notwendig sind, typische Aufgaben identifizieren und sie an die umsetzenden Rollen (z. B. **Data Engineers**) kommunizieren. Sie sind in der Lage, in Analyseprojekten die bereits durchlaufenen Datenaufbereitungen nachzuvollziehen, deren Angemessenheit einzuschätzen und Auswirkungen auf die Aussagequalität von Analyseergebnissen einzuordnen. Wer zwischen Fachexpertise und Datentechnik vermitteln möchte, erfährt durch dieses Buch die hierfür benötigte Sprache und Struktur. Wer dagegen seinen zukünftigen beruflichen Schwerpunkt in der Datenaufbereitung und -modellierung sieht, erhält einen systematischen Einstieg.

Das Buch ist wie folgt strukturiert: Die Beschaffung einer Datenbasis wird in Kap. 2 behandelt. Häufig liegen Daten verteilt in heterogenen Quellen und Systemen vor; unterschiedliche Formate, Granularitäten und Qualitäten machen bereits diesen Schritt anspruchsvoll. Fehlen geeignete Daten, sind sie primär zu erheben – etwa durch Interviews, Experimente oder Beobachtungen. Sind zu viele Daten vorhanden, müssen geeignete Verfahren der Reduktion eingesetzt werden.

In Kap. 3 wird beschrieben, wie die Zieldatenstruktur festgelegt werden kann und welche Modellierungsvarianten für unterschiedliche Analyseanforderungen existieren. Anschließend folgt die Darstellung allgemeiner Datenvorbereitungsschritte in Kap. 4. Gemeint sind hiermit Aufgaben, die nicht zwingend an eine einzelne Analysefragestellung gebunden sind, sondern sich ggf. auch für mehrere Fragestellungen nutzen lassen. Kap. 5 widmet sich dagegen analysespezifischen Transformationen, die Daten oft, aber nicht immer, so verändern, dass sie für andere Fragestellungen nur eingeschränkt wiederverwendbar sind. Die Trennung dient als Orientierung; sie kann hilfreich sein, ist jedoch nicht in jedem Projekt erforderlich.

# Datenbasis 2

Die Datenbeschaffung zielt zunächst darauf, diejenigen Daten zu identifizieren und in eine dispositive Datenhaltung zu überführen, die für einmalige oder wiederholte Analysebedarfe benötigt werden. Dabei können unterschiedliche Verfahren zum Einsatz kommen. Durch das Sammeln von Daten, wie beispielsweise bei Umfragen, können Primärdaten erhoben werden. Existieren die relevanten Daten bereits, sind sie aus ihren Quellen zu extrahieren. Sind nicht ausreichend Daten vorhanden, können Daten generiert werden. Sind dagegen zu viele Daten vorhanden, muss eine geeignete Datenreduktion erfolgen.

Bevor auf diese Aspekte eingegangen wird, liegt der Fokus dieses Kapitels zunächst auf der Erläuterung grundlegender Merkmale von Daten.

## 2.1 Datenquellen

Die Basis jedes Analysesystems sind **Daten**, die i. d. R. in heterogenen **Quellen** vorliegen. Abb. 2.1 zeigt zentrale Merkmale dieser Daten an ihrem Ursprungsort, ergänzt um jeweils ein einfaches Beispiel.

Der **Datenumfang** beschreibt, wie viele Daten in einer Quelle enthalten sind. Er kann gering sein, etwa wenn der *SC Sonnenfeld* die Ergebnisse einer einmaligen Mitgliederbefragung zur



S. Gerlach, M. Schulz, *Analytische Datenmodellierung und -bereitstellung*, IT kompakt,
https://doi.org/10.1007/978-3-658-51424-2_2

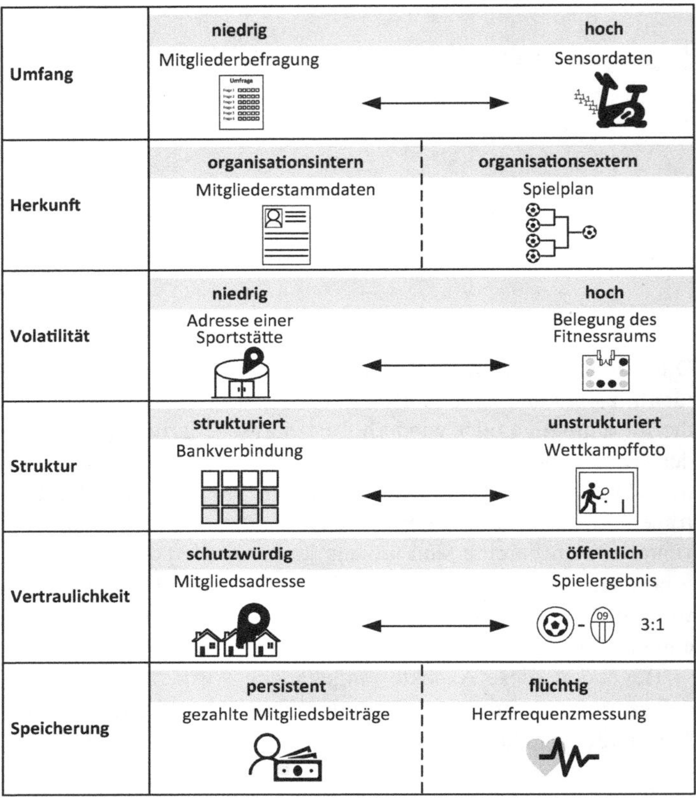


**Abb. 2.1** Merkmale von Datenquellen

Zufriedenheit mit den Sportstätten erfasst, an der einige Dutzend Personen teilgenommen haben. Der Datenumfang kann auch sehr hoch sein, beispielsweise wenn Sensoren an den Fitnessgeräten im vereinseigenen Fitnessraum kontinuierlich Trainingsdaten von jedem hier aktiven Mitglied aufzeichnen. Zwischen diesen Extremen existieren zahlreiche Abstufungen.

Das Merkmal der **Datenherkunft** beschreibt, ob die Daten innerhalb oder außerhalb der eigenen Organisation entstehen. Organisationsinterne Daten entstehen direkt beim *SC Sonnenfeld*, etwa die Stammdaten der Mitglieder mit Angaben zu *Name*, *Adresse* und *Abteilungszugehörigkeit*. Organisationsexterne Daten stammen hingegen von außerhalb des Vereins, z. B. der Spielplan eines Turniers, das von einem Sportverband organisiert wird.

Die **Datenvolatilität** gibt an, wie häufig und wie stark sich Informationen ändern. Sie ist niedrig, wenn Daten sich selten und nur langsam ändern – etwa die Adresse einer Sportstätte des *SC Sonnenfeld*. Hoch ist sie, wenn Werte wie beispielsweise Daten von Sensoren für die Auslastung des Fitnessraums gespeichert werden, die permanent oder in kurzen Intervallen erzeugt werden.

Die **Datenstruktur** beschreibt, wie stark Daten in ein festes Format eingebettet sind. Strukturierte Daten folgen klar definierten Schemata, häufig einer Tabellenstruktur, wodurch sie sich leicht speichern, durchsuchen und analysieren lassen. Ein Beispiel für eine Tabelle zusammen mit in diesem Buch verwendeten Begriffen ist Abb. 2.2 zu entnehmen.

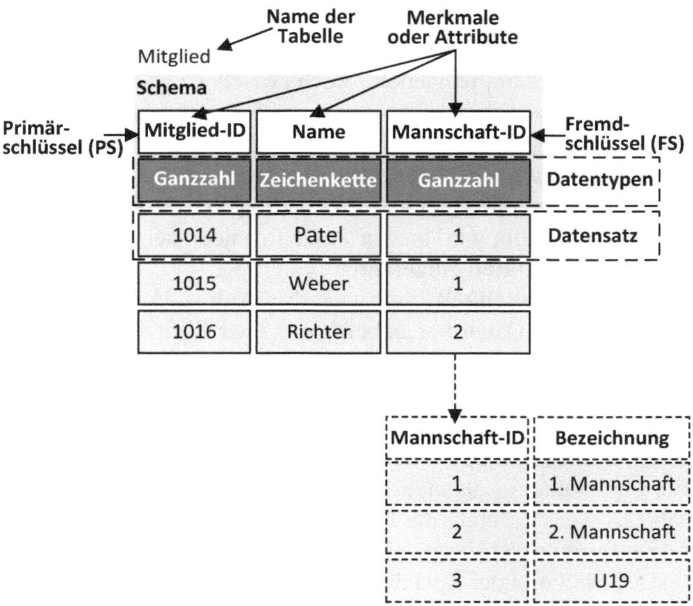


**Abb. 2.2** Beispielhafter Aufbau einer Tabelle

Ein **Schema** (in diesem Zusammenhang: **Tabellenschema**) legt fest, welche **Merkmale** (auch **Attribute**) existieren und welche **Datentypen** sie haben. Ein **Datensatz** entspricht einer Tabellenzeile mit zusammengehörigen Werten zu allen Merkmalen. Der **Primärschlüssel** ist das Merkmal (oder die Merkmalskombination), durch das jeder Datensatz eindeutig identifizierbar ist; in diesem Beispiel ist dies die *Mitglied-ID*. Ein **Fremdschlüssel** ist dagegen ein Merkmal (oder auch hier eine Merkmalskombination), dessen Werte auf den Primärschlüssel einer anderen Tabelle verweisen. Fremdschlüssel verknüpfen Tabellen und stellen u. a. sicher, dass nur gültige Werte für dieses Attribut eingetragen werden. In der Tabelle *Mitglied* ist dies die *Mannschaft-ID*.

**Datentypen** bestimmen, welche Werte in einer Spalte zulässig sind und in welchem Format sie gespeichert werden; hier sind die Mitglied-ID und die Mannschaft-ID als Ganzzahl definiert, während *Name* als Zeichenkette (also Text) geführt ist.

**Unstrukturierte Daten** besitzen im Gegensatz zu Tabellendaten keine feste Form. Es kann sich beispielsweise um Fotos vergangener Wettkämpfe handeln. Auch zwischen diesen beiden Extremen gibt es zahlreiche Abstufungen, bei denen Daten nur teilweise klar organisiert sind. Ein Beispiel sind E-Mails, die mit *Absender*, *Empfänger*, *Betreff* und *Text* zwar eine Struktur aufweisen, deren eigentlicher Inhalt im E-Mail-Text jedoch unstrukturiert bleibt. Häufig wird hierfür zusätzlich noch der Begriff **semistrukturierte Daten** eingeführt.

Die **Vertraulichkeit** (vgl. weiterhin Abb. 2.1) beschreibt, in welchem Maß Daten vor unbefugtem Zugriff zu schützen sind. **Schutzwürdige Daten** enthalten sensible Informationen, deren Weitergabe oder Veröffentlichung negative Folgen haben könnte. Ein Beispiel dafür sind die Adressen der Vereinsmitglieder. Am anderen Ende des Spektrums stehen öffentliche Daten, die ohne Einschränkungen zugänglich gemacht werden können. Hierzu zählt etwa das Ergebnis des letzten Ligaspiels, das der *SC Sonnenfeld* auf seiner Website veröffentlichen darf.

Das Merkmal der **Speicherung** beschreibt, wie dauerhaft Daten vorgehalten werden. **Persistente Daten** werden langfristig gespeichert und können ggf. auch nach Jahren noch abgerufen werden – sofern ein Nutzungszweck besteht und keine gesetzlichen Vorgaben der Speicherung entgegenstehen. Ein Beispiel hierfür sind die in der Vergangenheit gezahlten Mitgliedsbeiträge, die etwa für die Buchhaltung und gesetzliche Nachweispflichten relevant bleiben. **Flüchtige Daten** hingegen existieren nur kurzzeitig und werden nicht dauerhaft gespeichert. Dazu zählt z. B. die aktuelle Messung der Herzfrequenz eines Mitglieds beim Training. Zwar könnten auch solche Daten langfristig gespeichert werden, für den unmittelbaren Zweck – etwa die Steuerung der Trainingsintensität – ist dies jedoch meist nicht erforderlich.

## 2.2 Datensammlung

Existieren keine Daten, die einem definierten Analysevorhaben zugrunde gelegt werden können, müssen sie zunächst **gesammelt** werden. Man spricht von einer **Primärdatenerhebung**. Dafür existieren unterschiedliche Methoden, z. B. Interviews, Experimente oder Beobachtungen. Daten können dabei manuell oder auch mit technischen Hilfsmitteln, wie Online-Umfragewerkzeugen oder Sensoren erhoben werden.

Ein Vorteil der Erhebung von Primärdaten kann u. a. in der Datenaktualität liegen. Bei geeigneter Sammlung können zudem genau die benötigten Daten in einer für das Analysevorhaben geeigneten Struktur und Qualität erhoben werden. Als erheblicher Nachteil dieses Verfahrens sind die hohen Kosten der Datenbeschaffung zu nennen. Auch der zeitliche Aufwand muss berücksichtigt werden.

In Abb. 2.3 sind beispielhaft drei Datensätze einer größeren Tabelle dargestellt, die durch Beobachtungen entstanden ist. Der

| Trainingstag | Trainingsgruppe | Anzahl TeilnehmerInnen | Aktive beim Aufwärmen | Anteil aktiv (%) |
|---|---|---|---|---|
| Montag | U15 Fußball | 15 | 10 | 66 |
| Mittwoch | Damen Volleyball | 12 | 12 | 100 |
| Freitag | Herren Handball | 18 | 9 | 50 |

**Abb. 2.3** Beispieldatensätze einer durchgeführten Beobachtung

*SC Sonnenfeld* möchte das Verletzungsrisiko seiner Mitglieder reduzieren. Dafür soll untersucht werden, wie viele Mitglieder sich aktiv am Aufwärmprogramm beteiligen. Durch den Verein wird ein Mitarbeiter eingesetzt, der die verschiedenen Trainings besucht und die Aktivitäten manuell protokolliert.

## 2.3 Datenextraktion

Die Aufgabe der **Extraktion** besteht darin, für die Analyse relevante Daten aus einer oder mehreren Quellen zu sammeln. In der Regel werden nicht sämtliche Daten aus den Quellen extrahiert, sondern nur diejenigen, für die bereits analytische Fragestellungen existieren oder bei denen davon auszugehen ist, dass sie für zukünftige Fragestellungen benötigt werden. Eine möglichst starke Einschränkung der Daten bereits bei der Extraktion reduziert Performanceanforderungen an die IT-Infrastruktur, erleichtert das Verständnis durch die analysierenden Personen und spart Kosten, u. a. für die Speicherung von Daten; sie schränkt mögliche Analysen aber auch ein. Nicht immer sind Daten in den Quellen dauerhaft vorhanden, sodass eine nachträgliche Extraktion dann ggf. nicht mehr möglich ist.

Die Quellsysteme, aus denen die Daten beschafft werden, verfügen häufig über eine klare, rollenbasierte Berechtigungsstruktur: Nicht jede Person darf alle Daten sehen. Beim *SC Sonnenfeld* kann die Trainerin der 1. Frauen-Basketballmannschaft z. B. nur die Detailinformationen der Spielerinnen ihres Teams einsehen. Für ihre Aufgabe nicht erforderliche Angaben – etwa der monatliche Mitgliedsbeitrag – bleiben auch innerhalb dieser Gruppe verborgen.

Für viele Analysevorhaben ist es sinnvoll, vielfältige Daten zu nutzen. Gerade bei explorativen Fragestellungen ist anfangs oft unklar, welche Daten tatsächlich relevant sind. **Datenschutz** und **Zugriffskontrolle** sind dennoch auch im Analysesystem konsequent zu beachten – auch, wenn die folgenden Abschnitte eine eher technische und analytische Perspektive einnehmen und diese Aspekte nicht in den Vordergrund stellen.

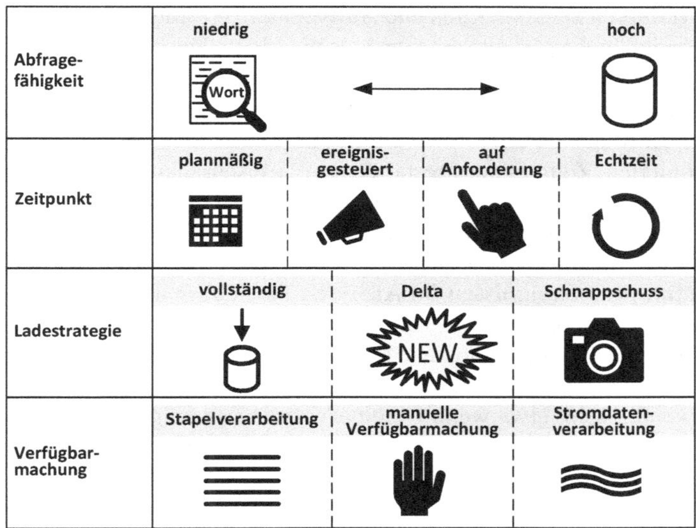


**Abb. 2.4** Übersicht typischer Merkmale der Datenextraktion

Die in diesem Kapitel fokussierte **Extraktion** beinhaltet Aufgaben zur Beschaffung von **Sekundärdaten**, also von Daten, die für einen anderen Zweck als die aktuelle Analysefragestellung erhoben worden sind. Diese Daten stellen in den meisten Analysesystemen den größten Umfang. In Abb. 2.4 sind typische Merkmale der Extraktion dargestellt; sie werden nachfolgend beschrieben.

Die **Abfragefähigkeit** von Daten variiert je nach System erheblich. Operative Prozesse erzeugen in Unternehmen meist strukturierte Informationen (vgl. Abschn. 2.1), die in Datenbanken gespeichert sind und sich flexibel per benutzerdefinierten Abfragen in Analysesysteme überführen lassen. Andere Quellsysteme bieten Anwendungsschnittstellen, über die Daten standardisiert mit Zielsystemen ausgetauscht werden können. Liegen Informationen dagegen beispielsweise ausschließlich als gescannte oder fotografierte Dokumente vor, sind aufwendigere

Verfahren zur Extraktion und Aufbereitung erforderlich – die Abfragefähigkeit ist entsprechend als niedrig zu bewerten.

Grundsätzlich können, neben einer einmaligen Durchführung, vier **Zeitpunkte** der Datenextraktion unterschieden werden (vgl. z. B. Mandala, 2019). Die **planmäßige Ausführung** wird zu definierten Zeitpunkten gestartet. Um Einschränkungen auf den Quellsystemen gering zu halten, sind dafür idealerweise Zeiten zu wählen, an denen die übrige Last gering ist, häufig ist dies die Nacht oder das Wochenende. Auch können Daten **nach bestimmten Ereignissen** im Analyse-, meist aber im Quellsystem geladen werden. Ein Auslöser für eine Extraktion könnte zum Beispiel die abgeschlossene Datenpflege zu einem großen Turnier sein. Auch kann die Extraktion von Daten **auf Anforderung** notwendig sein, etwa wenn für eine Vorstandssitzung eine Auswertung der aktuellen Mitgliederzahlen benötigt wird. Die letzte hier betrachtete Variante stellt die **(Nahe-)Echtzeitverfügbarmachung** dar. Dabei werden Daten direkt nach ihrem Entstehen in das Analysesystem geladen.

Idealerweise ist eine **Strategie** für das Laden der Daten möglich, bei der nicht jedes Mal der komplette Datenbestand aus der Quelle in das Analysesystem übertragen werden muss. Ein solcher **Full Load** (vollständige Ladung) belastet Quelle und Ziel unnötig – zumindest dann, wenn Alternativen verfügbar sind. Wo diese fehlen, ist der Full Load ausschließlich bei kleinen Datenmengen als unkritisch zu bewerten.

Effizienter ist die **Delta-Ladung** (oder **Delta Load**). Dabei werden in der Quelle die seit der letzten Extraktion neu eingefügten, geänderten oder gelöschten Daten ermittelt und nur diese ins Analysesystem übertragen und anschließend in die bestehende Basis integriert.

Lassen sich die Änderungen seit dem letzten Ladeprozess in der Quelle nicht bestimmen, kann ein **Schnappschuss** des aktuellen Datenbestands geladen werden. Damit ist jedoch nicht jede Änderung seit der letzten Ladung rekonstruierbar (z. B. fehlen Datensätze, die seit dem letzten Schnappschuss erzeugt und wieder gelöscht wurden), und die Systemlast ist – ähnlich wie beim Full Load – hoch.

Hinsichtlich der **Verfügbarmachung von Daten** können vor allem drei Möglichkeiten unterschieden werden. Bei der **Stapelverarbeitung** (auch **Batchverarbeitung**) werden alle für die Extraktion, die Beladung und häufig auch die Transformation nötigen Aufgaben automatisch und sequenziell von einem Prozess abgearbeitet. Sollten Daten nur einmalig oder unregelmäßig extrahiert werden bzw. ist davon auszugehen, dass sich das Quellschema (vgl. Abschn. 2.1) häufig ändert, kann es sinnvoll sein, die Verfügbarmachung **manuell** durchzuführen. Ein Beispiel für die **Stapelverarbeitung** bei dem *SC Sonnenfeld* sind Kursanmeldungen, die im Verwaltungssystem gesammelt und einmal pro Woche in das Analysesystem exportiert werden. Eine **manuelle** Verfügbarmachung wird für Veranstaltungslisten von externen Partnern genutzt, die dem Verein unregelmäßig und in unterschiedlichen Formaten verfügbar gemacht werden.

Die **Stromdatenverarbeitung**, als dritte Form der Verfügbarmachung, erfordert umfangreichere Betrachtungen. Stromdaten werden häufig kontinuierlich erzeugt und ebenfalls häufig direkt nach ihrer Entstehung verarbeitet und analysiert. Meist ist es dabei nicht das Ziel, jedes einzelne Ereignis auszuwerten. Durch das Bilden von **Zeitfenstern** können **Datenströme** zusammengeführt werden, um dann Aggregate zu erzeugen. Abb. 2.5 zeigt zwei häufig verwendete Verfahren für die Bildung von Zeitfenstern. Betrachtet werden die Zugänge von Mitgliedern in den Fitnessraum. Beispiel a. zeigt eine Aggregation bezogen auf feste Zeitfenster von jeweils 60 min, die sich nicht überschneiden – man spricht von einem **Tumbling Window**.

Bei **Hopping Windows** überlappen sich die abgebildeten Zeiträume. Im Beispiel b. wird ein neues Zeitfenster alle 30 min erstellt, wobei die Länge auch hier 60 min beträgt. Der Vorteil dieses Verfahrens gegenüber einem Tumbling Window liegt in einer Glättung der Daten, durch die beispielsweise bessere Trendanalysen durchgeführt werden können.

In diesem Abschnitt wurden die Aufgaben der Datenextraktion betrachtet. Vor allem bei großen Datenumfängen, die extrahiert werden sollen, aber auch bei Quellsystemen, deren Performance von hoher Relevanz ist, stellt der Ressourcenverbrauch dabei einen zentralen Faktor dar. Umfangreiche Transformationen sollten

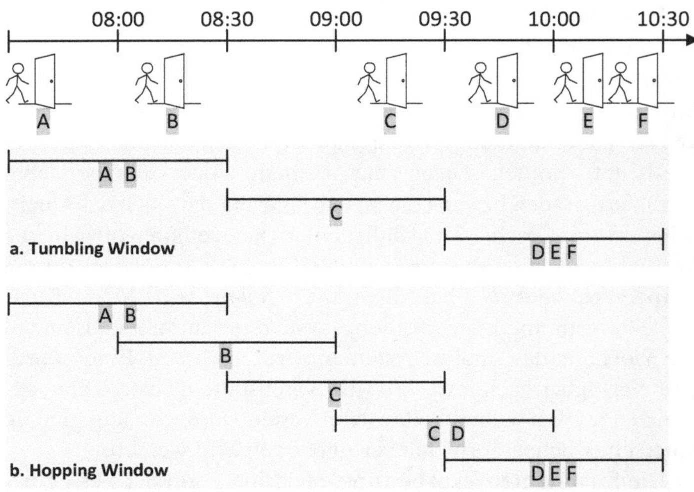


**Abb. 2.5** Beispiele für das Bilden von Zeitfenstern

daher typischerweise erst in der Umgebung des Analysesystems und nicht bereits in der Quelle stattfinden. Aber auch dann kann es durch die Extraktion noch dazu kommen, dass die Quellsysteme stark belastet werden. Eine ausschließliche Betrachtung der Anforderungen des Quellsystems stellt meist allerdings ebenfalls ein Problem dar: Es muss auch sichergestellt werden, dass die Daten zu der Zeit und in der Aktualität im Zielsystem verfügbar sind, in der sie für die Analyse benötigt werden. Ggf. muss ein Kompromiss zwischen Datenaktualität und Last auf den Datenquellen eingegangen werden.

## 2.4 Datengenerierung

Stehen keine oder nicht ausreichend Realdaten für die Analyse zur Verfügung, besteht die Möglichkeit, **synthetische Daten** zu erzeugen. Diese ergänzen entweder die vorhandene Datenbasis oder sie kommen ausschließlich zum Einsatz. Genau wie es auch auf andere Quelldaten zutrifft, können synthetische Daten ganz unterschiedliche Strukturen besitzen; sie können sowohl strukturiert als auch unstrukturiert sein (vgl. Abschn. 2.1). Entscheidend ist, dass synthetische Daten die für die Realität typischen Merkmale und Verteilungen so genau wie möglich reproduzieren, ansonsten besteht die Gefahr, dass Analyseergebnisse verzerrt werden.

Neben dem Fehlen von Realdaten kann ein weiterer Grund für die Erstellung synthetischer Daten in einer Vermeidung der Nutzung sensibler, **schutzwürdiger Daten** liegen. Dazu ein Beispiel: Der *SC Sonnenfeld* möchte ein Modell erstellen, durch das die Auslastung der angebotenen Sportkurse vorhergesagt werden kann. Der Auftrag für die Erstellung des Modells geht an einen externen Dienstleister, deshalb scheut der Sportverein davor zurück, die realen Daten herauszugeben. Stattdessen werden synthetische Daten generiert, die die Altersverteilung, die Anteile aktiver und passiver Mitglieder und die typischen Trainingszeiten je Sportart aus den Realdaten abbilden (alternativ wären auch Verfahren zur Datenanonymisierung eine Möglichkeit gewesen, vgl. Abschn. 4.3).

Für die Erstellung synthetischer Daten existieren Verfahren mit sehr unterschiedlicher Komplexität. Abb. 2.6 zeigt beispielhaft die synthetische Erstellung von Trainingszeiten. Um die Verteilung der Quelldaten beizubehalten, werden der Mittelwert und die

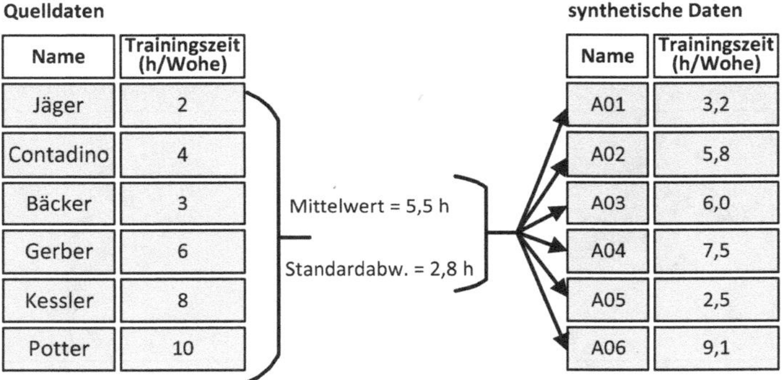


**Abb. 2.6** Beispiel für die synthetische Erstellung von Trainingszeiten

Standardabweichung der Realdaten berechnet und bei der Erstellung neuer Datensätze berücksichtigt. Auf dieser Basis erfolgt die zufällige Generierung der neuen Werte, sodass diese statistisch ähnlich verteilt sind, die Realdaten jedoch nicht exakt reproduzieren.

Auch mit Verfahren der **Data Augmentation** lassen sich Daten generieren. Anders als bei vollständig synthetischen Daten werden dabei reale Beispiele verändert, sodass zusätzliche Varianten entstehen. Umfang und Vielfalt der Trainingsbeispiele steigen, ohne neue Rohdaten erheben zu müssen.

Auch dieses Verfahren kann für unterschiedliche Datenstrukturen eingesetzt werden. Abb. 2.7 zeigt typische Möglichkeiten der Variation von Bilddaten anhand eines Beispiels. Ausgangspunkt ist das Bild eines Eishockeyspielers. In a. wurde es horizontal gespiegelt, in b. vergrößert und zugeschnitten, in c. um 15° rotiert. Bild d. zeigt eine leichte Weichzeichnung, e. eine Aufhellung.

**Abb. 2.7** Beispiel zur Data Augmentation bei Bilddaten

Wichtig ist, dass die Transformationen das für die Fragestellung Relevante nicht verfälschen. Eine Spiegelung des Bildes ist etwa ungeeignet, wenn Text, Trikotnummern oder Links-/Rechts-Bezüge inhaltlich bedeutsam sind.

## 2.5 Datenreduktion

Der Aufgabenbereich der **Datenreduktion** bündelt Maßnahmen, mit denen Datenmengen gezielt verkleinert oder in Teilmengen aufgeteilt werden, um Analysen überhaupt erst durchführbar, effizienter oder belastbarer zu machen.

In diesem Abschnitt werden zunächst gebräuchliche **Stichprobenverfahren** vorgestellt. Speziell für Verfahren des **überwachten Lernens** wird anschließend gezeigt, wie die Aufteilung in **Trainings-, Validierungs- und Testdaten** die Erzeugung nützlicher Ergebnisse ermöglicht. Auch der Umgang mit unausgewogenen Klassengrößen wird thematisiert.

### Stichprobenverfahren

Wenn für das Analysevorhaben eine Datenmenge vorliegt, deren Umfang zu groß ist und ihre Verarbeitung eine hohe Rechenzeit erfordern würde, kann eine Stichprobe gezogen werden. Ein weiterer Grund für die Verwendung von Stichproben kann darin bestehen, dass bereits bei der Datenerhebung (vgl. Abschn. 2.1) eine geeignete Einschränkung vorgenommen werden muss.

Beim Ziehen von Stichproben ist es entscheidend, dass relevante Muster, die in der **Grundgesamtheit** vorhanden sind, also z. B. in der Menge sämtlicher Mitglieder des *SC Sonnenfeld* – hier beispielhaft dargestellt in Abb. 2.8 –, auch in der Stichprobe repräsentiert werden.

Es gibt verschiedene Verfahren zur Stichprobenziehung (vgl. Abb. 2.9). Ein simpler Ansatz ist das Ziehen einer **einfachen Zufallsstichprobe** (a.). Dabei besitzt jedes Element der Grundgesamtheit die gleiche Wahrscheinlichkeit, in die Stichprobe aufgenommen zu werden.

**Ausgangslage**

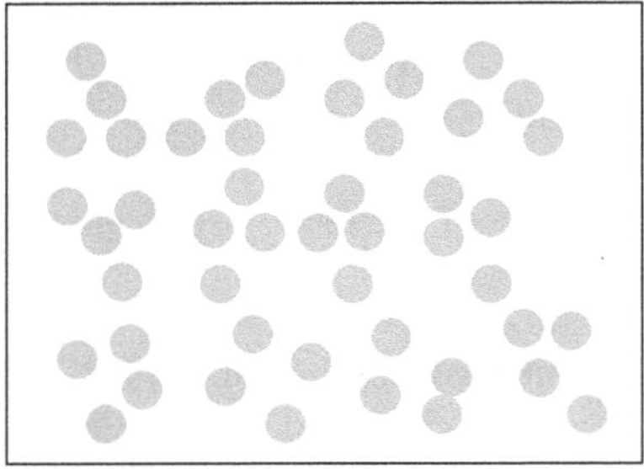

sämtliche Mitglieder des SC Sonnenfeld

**Abb. 2.8** Grundgesamtheit

Bei der **geschichteten Zufallsstichprobe** (b.) werden die Daten zunächst anhand eines oder mehrerer Merkmale in Schichten unterteilt. Die Fälle innerhalb einer Schicht sollten sich dabei von den Fällen anderer Schichten deutlich unterscheiden. Im Beispiel findet die Unterteilung anhand von Altersgruppen statt. Es ist zu erkennen, dass es in dem Verein mehr über 40-jährige Mitglieder gibt als etwa unter 18-jährige. Beim Ziehen der Stichprobe ist sicherzustellen, dass die Häufigkeitsverteilung des betrachteten Merkmals in der Stichprobe der Häufigkeitsverteilung in der Grundgesamtheit entspricht.

Bei der **Cluster-Stichprobe** (auch **Klumpenstichprobe)** (c.) werden die Daten zunächst anhand eines Merkmals oder mehrerer Merkmale in Cluster (Klumpen) eingeteilt. Im Gegensatz zur geschichteten Stichprobe sollen die Elemente eines Clusters dabei möglichst heterogen sein, sodass jedes Cluster die Vielfalt der Grundgesamtheit in sich abbildet, während sich die Cluster untereinander möglichst wenig unterscheiden. Für die Stichprobe werden anschließend zufällige Cluster, in diesem Fall drei, ausgewählt.

**a. einfache Zufallsstichprobe**

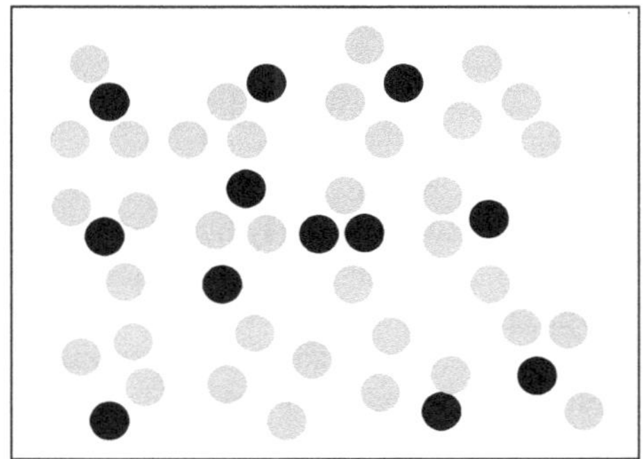

**b. geschichtete Zufallsstichprobe**

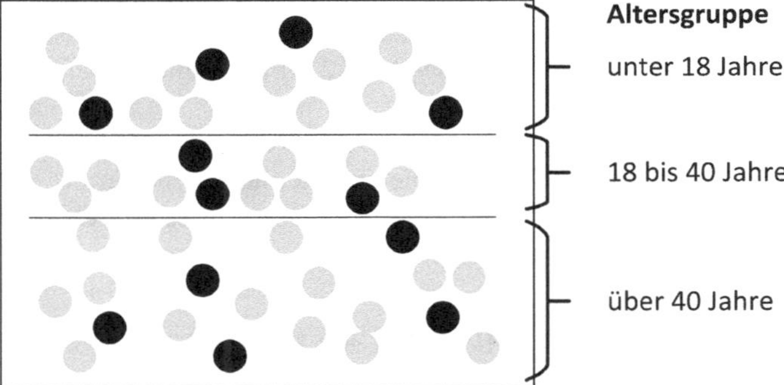


**c. Cluster-Stichprobe**

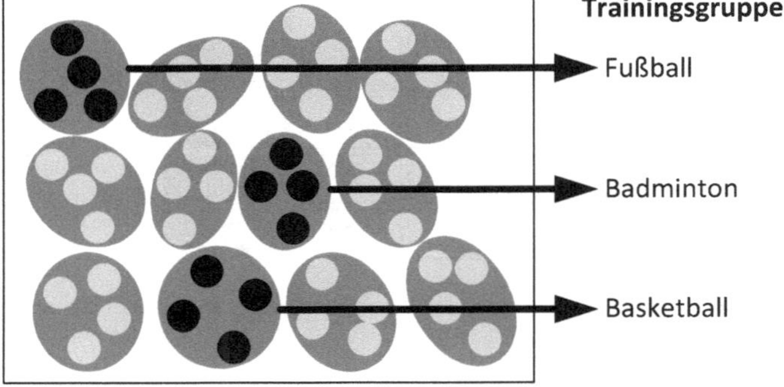


**Abb. 2.9** Beispiele für gängige Stichprobenverfahren

## Trainings-, Validierungs- und Testdaten

Bei der Anwendung von Analyseverfahren des **überwachten Lernens** entstehen häufig Probleme, wenn die gesamte vorhandene Datenbasis für das Training eines Modells genutzt wird. **Überwachtes Lernen** heißt, dass jedes Beispiel Eingaben (**Merkmale**) und einen bekannten Zielwert (**Label**) hat. Aus solchen Paaren lernt das Modell Regeln, um den Zielwert für neue, unbekannte Eingaben vorherzusagen.

Dazu ein Beispiel: Eine Trainerin beobachtet eine Vielzahl von Spielern. Sie dokumentiert verschiedene Merkmale, etwa die Laufgeschwindigkeit der Spieler und ihre Technik auf einer Skala von 1 bis 10. Auf Basis ihrer langjährigen Expertise vergibt sie den Zielwert *stark* oder *schwach*. Diese beiden Ausprägungen teilen die Datenbasis in **Klassen** auf. Sie vorherzusagen ist das Ziel einer **Klassifikationsanalyse**. Abb. 2.10 zeigt einige Datensätze dieser Tabelle.

Die Daten sollen nun verwendet werden, um ein Modell zu trainieren, das auch neue Spieler automatisch bewerten kann, ohne dass die Trainerin aktiv werden muss. Dieses Modell könnte folgende Regel lernen:

| Spieler | Tempo (km/h) | Technik (1-10) | Bewertung (Trainerin) |
|---|---|---|---|
| 1 | 25 | 8 | stark |
| 2 | 20 | 5 | schwach |
| 3 | 27 | 7 | stark |
| 4 | 18 | 6 | stark |
| 5 | 24 | 4 | schwach |
| 6 | 22 | 9 | stark |

**Abb. 2.10** Beispieldatensätze für die Anwendung eines überwachten Lernverfahrens

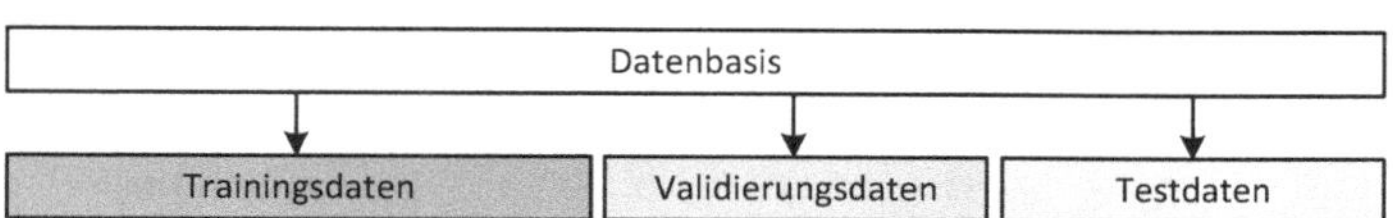


**Abb. 2.11** Aufteilung der Datenbasis in Trainings-, Validierungs- und Testdaten

Wenn **Technik ≥ 7 → stark**
Sonst, wenn **Tempo ≤ 18 und Technik = 6 → stark**
Sonst → **schwach**

Die Vorhersage des Modells ist auf Basis der **Trainingsdaten** immer korrekt. Betrachtet man allerdings die gelernten Muster, fällt v. a. die mittlere Zeile auf. Dieses Muster ist sehr speziell und damit ist es unwahrscheinlich, dass es auf neue Daten anwendbar ist. Man spricht in diesem Fall von einer **Überanpassung** (auch **Overfitting**) des Modells, es hat einzelne Datensätze „auswendig gelernt" und damit seine **Generalisierungsfähigkeit** verloren.

Um die beschriebene Problematik zu lösen, wird die Datenbasis beim überwachten Lernen üblicherweise in **Trainings**-, **Validierungs**- und **Testdaten** aufgeteilt (vgl. Abb. 2.11). Die **Trainingsdaten** werden verwendet, um das Modell zu trainieren, die **Validierungsdaten**, um das Modell während des Trainings zu überprüfen und die Modellerstellung zu optimieren. Die **Testdaten** werden letztendlich verwendet, um nach Abschluss des Trainings realistisch einschätzen zu können, wie gut das Modell auf neuen, unbekannten Daten, die auch im praktischen Einsatz auftreten, funktioniert.

Die prozentuale Zuordnung der Daten zu den unterschiedlichen Teilmengen hängt u. a. von dem Umfang verfügbarer Daten ab. Trainingsdaten stellen jedoch üblicherweise den größten Anteil.

Eine spezielle Form der Aufteilung von Daten in **Trainings**- und **Validierungsdaten** stellt die **Kreuzvalidierung** dar. Im oben beschriebenen Verfahren werden die Daten einmalig aufgeteilt. Im ungünstigen Fall kann es dazu kommen, dass die Datenaufteilung nicht ideal ist und dadurch ungeeignete Regeln erlernt werden – ähnlich wie dies zuvor bereits beschrieben wurde. Ein

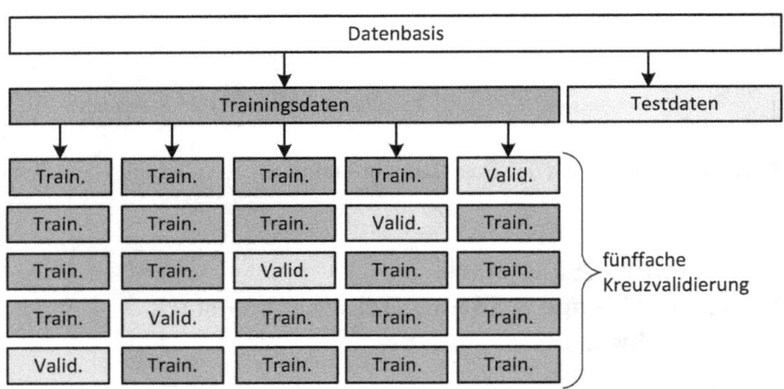


**Abb. 2.12** Beispiel einer fünffachen Kreuzvalidierung, in Anlehnung an Kupssinskü et al. (2020)

weiterer Grund für die Verwendung der **Kreuzvalidierung** kann eine kleine Datenbasis sein, die noch stärker in ihrem Umfang reduziert werden würde, wenn ein Teil der Daten für die **Validierung** reserviert wird.

Abb. 2.12 zeigt beispielhaft eine fünffache **Kreuzvalidierung**. Dabei werden die **Trainingsdaten** in fünf gleich große Teilmengen aufgeteilt. Das Modell wird ebenfalls fünfmal trainiert, wobei in jedem Durchlauf eine der Teilmengen die Rolle der **Validierungsdaten** übernimmt. Am Ende werden die Validierungsergebnisse gemittelt und das erstellte Modell mithilfe der **Testdaten** überprüft.

## Unausgewogene Klassengrößen

In für Klassifikationsanalysen genutzten Datensätzen sind die Klassen oft unausgewogen. Das bedeutet, dass eine der vorherzusagenden Klassen seltener auftritt, als andere – man spricht von einer **Minderheitsklasse**. Abb. 2.13 zeigt dazu ein Beispiel: Der *SC Sonnenfeld* möchte herausfinden, welche persönlichen Merkmale dazu führten, dass Personen sich dafür entschieden haben, ihre Mitgliedschaft bei dem Verein zu kündigen (dargestellt durch schwarze Vierecke) bzw. weiterhin eine aktive Mitgliedschaft zu

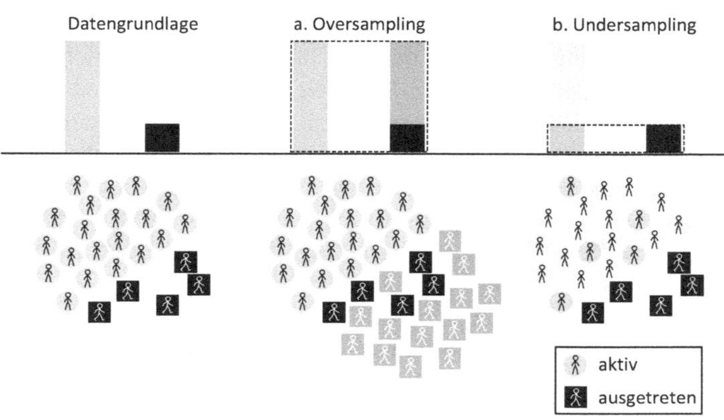


**Abb. 2.13** Beispiele für Oversampling und Undersampling, in Anlehnung an de Vargas et al. (2023)

behalten (dargestellt durch graue Kreise). In der Datenbasis sind erheblich mehr Datensätze aktiver als ausgetretener Personen enthalten, im Beispiel beträgt das Verhältnis 4:1. Die aktiven Mitglieder bilden die **Mehrheitsklasse**, ein darauf trainiertes Modell bevorzugt sie typischerweise. Würde es stets die Klasse *aktiv* vorhersagen, läge die Genauigkeit zwar bei 80 %, ein inhaltlicher Mehrwert entstünde durch dieses Analyseergebnis jedoch nicht.

Zwei einfache Maßnahmen, um diesem Problem zu begegnen, sind **Oversampling** und **Undersampling**. Beim Oversampling (a.) wird die Minderheitsklasse (im Beispiel also die ausgetretenen Mitglieder) durch zufälliges Duplizieren vorhandener Beispiele oder durch die Erzeugung synthetischer Daten (vgl. Abschn. 2.4) erweitert. Ein Vorteil dieses Verfahrens ist, dass die Vielfalt der Mehrheitsklasse erhalten bleibt. Ein Nachteil kann sein, dass duplizierte Muster der Minderheitsklasse bei der Erstellung des Modells ggf. unangemessen stark berücksichtigt werden – v. a. dann, wenn die Klassen stark unausgewogen sind. Genau genommen passt das Verfahren des Oversampling nicht vollständig in den Kontext dieses Kapitels: Die Datenmenge wird nicht reduziert, sondern sogar erhöht. Da es sich jedoch um ein häufig eingesetztes Verfahren handelt, soll es hier dennoch erwähnt werden.

In das Kapitel besser passend ist dagegen das Verfahren des Undersampling (b.), durch das die Datenmenge tatsächlich reduziert wird, indem zufällig Beispiele aus der Mehrheitsklasse entfernt werden. Eine Verzerrung durch duplizierte Muster ist so zwar ausgeschlossen, es werden jedoch nicht alle verfügbaren Informationen aus der Datenbasis berücksichtigt.

## Literatur

Silveira Kupssinskü, L., Thomassim Guimarães, T., Menezes de Souza, E., Zanotta, D. C., Roberto Veronez, M., Gonzaga Jr, L., & Mauad, F. F. (2020). A method for chlorophyll-a and suspended solids prediction through remote sensing and machine learning. Sensors, 20(7), 2125.

Nishanth Reddy Mandala (2019) The evolution of ETL architecture: From traditional data warehousing to real-time data integration. World Journal of Advanced Research and Reviews, https://doi.org/10.30574/wjarr.2019.1.3.0033.

Werner de Vargas, V., Schneider Aranda, J.A., dos Santos Costa, R. *et al.* Imbalanced data preprocessing techniques for machine learning: a systematic mapping study. *Knowl Inf Syst* **65**, 31–57 (2023). https://doi.org/10.1007/s10115-022-01772-8, S. 32

# 3 Datenmodellierung

Damit Daten für analytische Fragestellungen genutzt werden können, müssen sie u. a. in einer für die Analyse geeigneten Struktur abgelegt werden. Die Art der Datenmodellierung bestimmt dabei, wie flexibel sich Analysen durchführen lassen und wie einfach neue Anforderungen umgesetzt werden können. Datenmodelle bilden damit das Bindeglied zwischen den fachlichen Fragestellungen und der technischen Realisierung eines Analysesystems.

In diesem Kapitel werden unterschiedliche Ansätze der Datenmodellierung für Analysesysteme vorgestellt und miteinander in Beziehung gesetzt. Ausgehend von der Unterscheidung zwischen Schema-on-read- und Schema-on-write-Ansätzen sowie einer typischen Schichtenarchitektur für Analysesysteme wird gezeigt, welche Rolle die Datenhaltungsschicht für analytische Fragestellungen spielt. Darauf aufbauend werden die grundlegenden Begriffe der Datenmodellierung erläutert und anhand eines einfachen Datenmodells veranschaulicht, welches als Basis für die nachfolgenden vertiefenden Darstellungen dient.

Im Anschluss werden drei verbreitete Modellierungsansätze für die Datenhaltungsschicht detailliert betrachtet: die dimensionale Modellierung im Stern- und Snowflake-Schema, relationale Modelle mit historisierten Tabellen sowie die Modellierung nach dem Data-Vault-Ansatz. Abschließend wird betrachtet, in wel-



S. Gerlach, M. Schulz, *Analytische Datenmodellierung und -bereitstellung*, IT kompakt,
https://doi.org/10.1007/978-3-658-51424-2_3

chen Fällen eine weniger stark modellierte Bereitstellung analytischer Basistabellen ausreichen kann.

## 3.1 Schema on read vs. Schema on write

Als **Schema on read** bzw. **Schema on write** werden zwei unterschiedliche Ansätze für die Integration und die Speicherung von Daten in Analysesystemen bezeichnet.

Der Begriff *Schema* wird in der Informatik für unterschiedliche Dinge verwendet. So kann damit, je nach Kontext, sowohl die Struktur einer spezifischen Tabelle (vgl. Abschn. 2.1) als auch die Gesamtheit aller Tabellen eines Datenmodells gemeint sein. Er wird allgemein verwendet, um auszudrücken, dass Daten geordnet bzw. strukturiert in einem System abgelegt werden.

Durch Abb. 3.1 werden die unterschiedlichen Vorgehensweisen zur Integration und Speicherung von Daten dargestellt.

Beim Schema-on-read-Ansatz (a.) werden die Daten in ihrem nativen Format aus dem Quellsystem geladen und im Analysesystem gespeichert. Die Interpretation der Daten erfolgt erst bei der Analyse. Es können strukturierte Daten, wie Tabellen, unstrukturierte Daten wie Bild- und Audiodateien sowie semistrukturierte Daten wie Formulare und E-Mails geladen werden

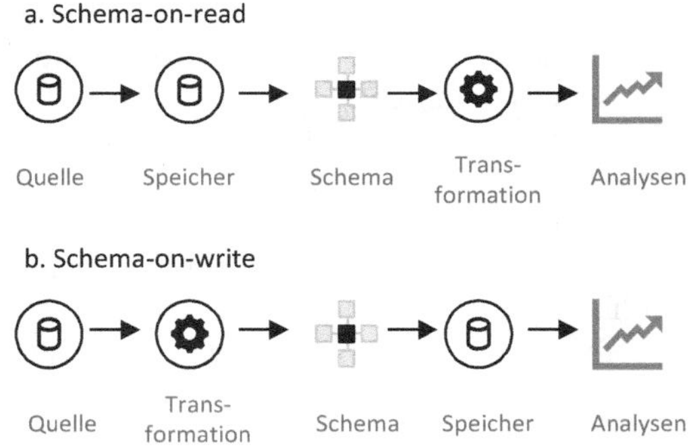


**Abb. 3.1** Schema on read vs. Schema on write

(vgl. Abschn. 2.1). Dieser Prozess wird häufig im Zusammenhang mit **ELT** (Extract Load Transform) betrachtet.

Die Vorteile dieser Art der Verarbeitung liegen darin, dass die Konzeption und die Implementierung zunächst relativ wenig Aufwand verursachen und eine große Bandbreite an Formaten und Datentypen verarbeitet werden kann. Die Daten werden noch nicht spezifisch themenorientiert aufbereitet und können daher für eine große Zahl an Analysezwecken verwendet werden.

Nachteilig kann sein, dass viel Aufwand und Wissen bei der Analyse sowohl für die Aufbereitung als auch für die Interpretation der Daten erforderlich sind. Eventuell besteht die Notwendigkeit, dass auch Analyseexpertinnen und -experten spezielle Werkzeuge einsetzen, um die Daten aufzubereiten. Zudem kann die Abfrageleistung erst sehr spät im Implementierungsprozess beurteilt werden. Dies kann zu Performance-Problemen führen, wenn das System nicht ausreichend dimensioniert wurde.

Der Ansatz *Schema on read* wird oft verwendet, wenn unstrukturierte Daten vorliegen, das Schema der Daten unbekannt ist oder explorative Analysen durchgeführt werden sollen.

Bei dem Ansatz *Schema on write* (b.) wird ein Datenmodell erstellt, welches die Struktur und die Datentypen für jedes Attribut im Analysesystem beschreibt. Die Daten werden transformiert und validiert, um sicherzustellen, dass sie dem definierten Schema entsprechen. Sobald sie dem Schema entsprechen, werden sie in den vorgesehenen Datenspeicher geladen.

Der Vorteil dieses Ansatzes ist die Schemaerzwingung, welche die Datenkonsistenz und -genauigkeit innerhalb des Systems sicherstellt. Vordefinierte Schemata ermöglichen eine optimierte Abfrageleistung, da die Datenstrukturen bekannt sind und die Abfragen entsprechend optimiert werden können. Ein eindeutiges Schema erleichtert zudem die Erstellung von Analysen, da von vornherein Kenntnis darüber besteht, wie die Daten zu interpretieren sind.

Der Schema-on-write-Ansatz erleichtert die Datenverwaltung, indem klare Richtlinien für Datenformate und -inhalte festgelegt werden. Dies ermöglicht die Nachvollziehbarkeit der Datenherkunft (**Data Lineage**) und auch die Einrichtung einer Zugriffskontrolle.

Nachteile dieses Ansatzes sind die möglicherweise langen Entwicklungszeiten, insbesondere bei komplexen Datenstrukturen sowie die eingeschränkte Flexibilität bei Änderungen an den Datenquellen, welche immer auch Änderungen an den Integrationsprozessen zur Folge haben. Zudem grenzen vordefinierte Analysepfade die Möglichkeiten zur explorativen Analyse ggf. ein.

Der Ansatz *Schema on write* wird oft verwendet, wenn die Datenkonsistenz und -integrität in dem gegebenen Anwendungsfall eine hohe Priorität haben, die Datenstrukturen gut definiert sind und sich im Laufe der Zeit wahrscheinlich nicht wesentlich verändern werden.

Sind die Analyseanforderungen zu Beginn des Vorhabens weitgehend bekannt, können vordefinierte Auswertungspfade die Umsetzung deutlich vereinfachen und gegebenenfalls beschleunigen. Der Schema-on-write-Ansatz wird in diesem Zusammenhang häufig auch als **ETL** (Extract Transform Load) bezeichnet.

Die in den Abschn. 3.5 bis 3.7 beschriebenen Ansätze für die Datenmodellierung beziehen sich auf den Ansatz *Schema on write, d*er Abschn. 3.8 bezieht sich auf den Schema-on-read-Ansatz.

Zunächst wird im folgenden Abschnitt eine abstrakte Schichtenarchitektur für Analysesysteme eingeführt, so wie sie üblicherweise Verwendung findet.

## 3.2 Schichtenarchitektur von Analysesystemen

Unabhängig davon, ob der Ansatz *Schema on read* oder *Schema on write* verfolgt wird, gilt es einige grundsätzliche Architekturprinzipien für analytische Systeme zu beachten.

Um datengetriebene Analysen ausführen zu können, müssen die Daten sicher, konsistent und ggf. historisiert in einem Analysesystem gespeichert werden.

Analysen können zwar grundsätzlich auch direkt auf den Quellsystemen durchgeführt werden, jedoch führt dies in der Praxis häufig zu erheblichen Einschränkungen.

Die Datenstrukturen der Quellsysteme sind meist für zahlreiche kleine Transaktionen optimiert (z. B. die Buchung einer Kursteilnahme durch ein Mitglied des *SC Sonnenfeld*) und nicht für analytische Zwecke ausgelegt. Daher ist die Abfrageleistung bei großen Datenmengen oft unzureichend. Zudem werden historische Daten im Quellsystem möglicherweise nicht in ausreichendem Umfang vorgehalten.

Analysefragestellungen, die die Verwendung von Daten aus mehreren Quellsystemen bedingen, sind entweder gar nicht oder nur sehr eingeschränkt möglich. Komplexe Analysen können das Quellsystem zudem zusätzlich belasten und dadurch die Nutzung beeinträchtigen.

Die permanenten Änderungen an den Daten eines operativen Quellsystems führen außerdem zu instabilen Analyseergebnissen.

Aus Datenschutzgründen ist es häufig unzulässig, Analysen direkt auf dem Quellsystem durchzuführen, da eine Anonymisierung (vgl. Abschn. 4.3) schützenswerter Daten nicht möglich ist und häufig nicht ausgeschlossen werden kann, dass auch für die Analyse nicht benötigte Daten eingesehen werden können.

Für viele Analysen werden zudem aggregierte Sichten auf die Daten benötigt, die im Quellsystem zunächst nicht vorhanden sind (vgl. Abschn. 4.2).

Um diese Einschränkungen von Analysemöglichkeiten aufzuheben, wird typischerweise ein zusätzliches System für die Speicherung der Daten eingeführt.

Hier hat sich für die dispositive Datenhaltung in Analysesystemen eine mehrschichtige Architektur durchgesetzt, deren Ausprägungen, abhängig von den genauen Anforderungen, variieren können.

Häufig sind in einem Analysesystem die folgenden Schichten zu finden (vgl. Abb. 3.2):

**Datenquellen** Dies sind die Quellsysteme, deren Daten in das Analysesystem geladen werden sollen, dabei handelt es sich beispielsweise um Datenbanken, Text-, Audio- oder Bilddateien (vgl. Abschn. 2.1).

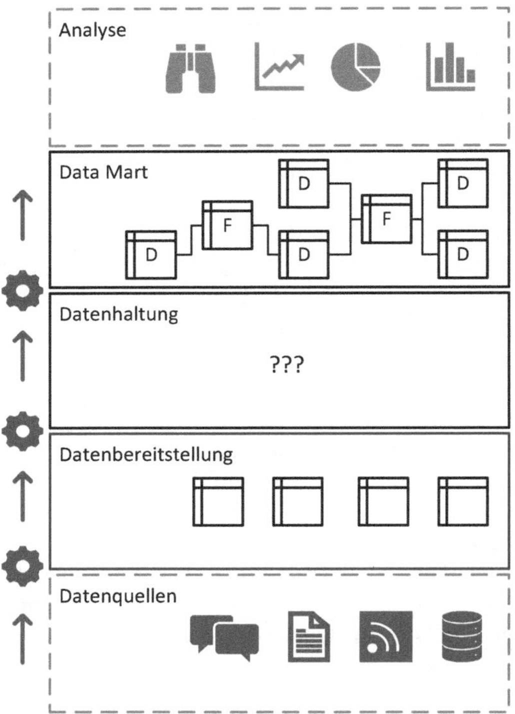


**Abb. 3.2** Schichtenarchitektur eines Analysesystems

**Datenbereitstellungsschicht** In dieser Schicht werden die Daten aus den verschiedenen Quellsystemen bereitgestellt. Es handelt sich um eine Spiegelung der für die Analyse relevanten Daten der Quellsysteme. Sie werden um technische Attribute wie Zeitstempel erweitert. Sollten auch Anpassungen an beispielsweise Datums- oder Zahlenformate notwendig sein, werden sie in dieser Schicht implementiert.

**Datenhaltungsschicht** Hier liegen die historisierten, validierten, wenn nötig anonymisierten Daten aus den Quellsystemen. Auf diese Schicht werden keine direkten Abfragen für Analysefragestellungen ausgeführt, sie ist für die Speicherung der Daten optimiert. In den folgenden Abschnitten werden verschiedene Möglichkeiten der Modellierung dieser Schicht dargestellt, deshalb ist sie in Abb. 3.2 zunächst durch drei Fragezeichen visualisiert.

**Data-Mart-Schicht** Für die Analyse optimierte Datenhaltungsschicht. Ein Data Mart bildet i. d. R. eine fachliche Fragestellung und damit einen Ausschnitt der Gesamtheit der Informationen in einem Analysesystem ab.

**Analyseschicht** Zugriffsschicht der Anwenderinnen und Anwender auf das Analysesystem. Hier sind die entsprechenden **Software-Werkzeuge** (engl. **Toolset**) zur Adressierung analytischer Fragestellungen zu finden. In der Regel handelt es sich um eine virtuelle Schicht, in der die Daten nicht persistiert werden (vgl. Abschn. 2.1).

Durch die Schichtenarchitektur wird es möglich, die verschiedenen Aufgaben der Datenaufbereitung auf unterschiedliche Prozesse zu verteilen und so die Komplexität der einzelnen Verarbeitungsschritte zu begrenzen.

Bei mehrschichtigen Analysesystemen stellt sich die grundsätzliche Frage, welche Schicht(en) modelliert werden sollen. Die Inhalte und Strukturen der Quellsysteme sind gegeben. Die Datenbereitstellungsschicht beinhaltet i. d. R. nur technische Anpassungen. Hier ist keine Modellierung notwendig.

Die Data Marts sind für die jeweilige analytische Fragestellung optimiert, häufig wird dabei ein Sternschema-Ansatz (vgl. Abschn. 3.5) verfolgt oder die Daten werden in breiten analytischen Basistabellen (vgl. Abschn. 3.8) bereitgestellt. Die Daten in einem Data Mart bilden einen Ausschnitt der Gesamtheit der Daten in einem Analysesystem ab. Die Zugriffsmöglichkeiten werden typischerweise durch ein Berechtigungskonzept geregelt, um den Anforderungen des Datenschutzes zu genügen.

Demnach bleibt bei der Aufbereitung von Daten für analytische Fragestellungen im Wesentlichen die Herausforderung, wie die Datenhaltungsschicht modelliert werden soll. In den nachfolgenden Abschnitten wird dieser Aspekt genauer erläutert.

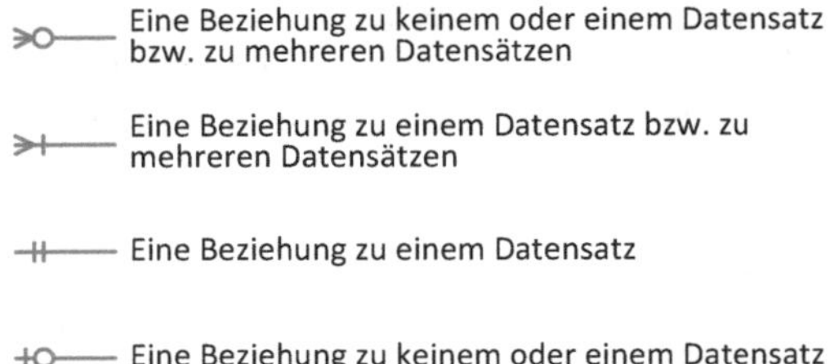


**Abb. 3.3** Beziehungstypen der Krähenfußnotation

Zunächst werden in Abschn. 3.3 relevante Grundlagen der Datenmodellierung erläutert und im anschließenden Abschnitt dann ein Datenmodell des *SC Sonnenfeld* vorgestellt, welches die Datenquelle für das jeweilige zu modellierende Analysesystem darstellt.

## 3.3 Begriffe der Datenmodellierung

Unabhängig davon, welche konkrete Softwareanwendung implementiert werden soll, sei es ein operatives System, welches die Geschäftsprozesse eines Unternehmens abbildet oder ein Analysesystem, müssen die Daten, welche dem System zugrunde liegen, modelliert werden.

Grundsätzlich geht es bei der Modellierung der Datenstrukturen darum, ein Objekt aus der realen Welt so abzubilden, dass dessen für die zugrunde liegende Fragestellung wesentlichen Merkmale vorgehalten werden können. Unwesentliche Merkmale werden dagegen zur Vereinfachung des Modells ignoriert.

In diesem Buch werden alle Modellierungsbeispiele mithilfe der **Krähenfußnotation** (**Crows Foot Notation**) dargestellt (vgl. Martin, 1983).

Dabei werden mehrere Tabellen (vgl. Abschn. 2.1) mittels Beziehungslinien miteinander verbunden. Die **Kardinalitäten,** also die Aussage darüber, in welcher quantitativen Beziehung die Tabellen zueinander stehen, werden durch die in Abb. 3.3 dargestellte Notation visualisiert.

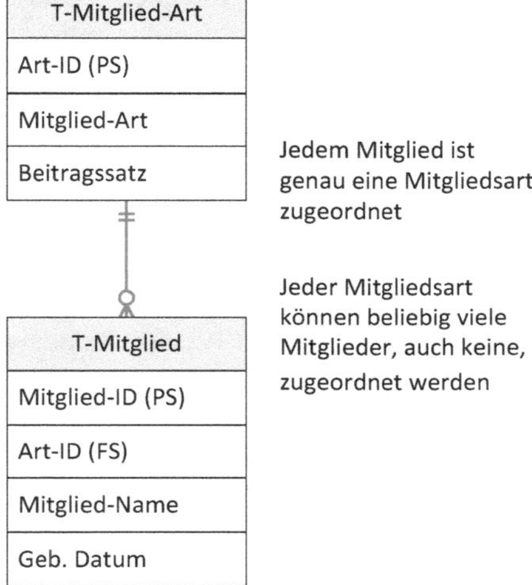


**Abb. 3.4** Beispiel für die Krähenfußnotation

Abb. 3.4 stellt beispielhaft die Beziehung zwischen den Mitgliedern und der Mitgliedsart dar. In diesem Fall ist die Fachlichkeit bereits in Datenbanktabellen überführt worden, für welche die Bezeichnungen *T-Mitglied* und *T-Mitglied-Art* gewählt wurden. Die Beziehung zwischen den beiden Tabellen wird durch die angegebenen Kardinalitäten vollständig beschrieben: Jedem Mitglied ist genau eine Mitgliedsart zugeordnet und jeder Mitgliedsart können beliebig viele Mitglieder zugeordnet werden.

Um jeden Eintrag in der Tabelle *T-Mitglied* eindeutig identifizierbar zu machen, wird jedem Mitglied eine *Mitglied-ID* zugewiesen. Diese unveränderliche ID ist der sogenannte Primärschlüssel (PS) der Tabelle (vgl. Abschn. 2.1).

Weiterhin werden die für die Verwaltung des Sportbetriebes wesentlichen Attribute eines Mitglieds, wie *Name* und *Geburtsdatum* in der Tabelle abgelegt. Merkmale des Mitglieds, welche keine Relevanz für den Sportverein haben, entfallen. So ist beispielsweise die *Körpergröße* nicht Teil des Datenmodells, obwohl natürlich jedes Mitglied das entsprechende Merkmal aufweist.

Jedem Mitglied wird eine *Mitgliedsart* zugewiesen. Es gibt nur begrenzt viele Mitgliedsarten, nämlich *Junioren* und *Senioren*.

Damit nicht bei jedem Mitglied die Mitgliedsart erneut als Text, also redundant abgelegt werden muss, wird eine weitere Tabelle modelliert.

Die Beziehung zwischen *Mitglied* und *Mitglied-Art* wird als sogenannte Fremdschlüsselbeziehung im Datenmodell angelegt, d. h. der Primärschlüssel der Tabelle *Mitglied-Art* wird als Fremdschlüssel in der Tabelle *Mitglied* hinterlegt (vgl. auch hierzu Abschn. 2.1).

Diese Modellierungsgrundsätze gelten universell, unabhängig vom gewählten Design-Ansatz der analytischen Lösung.

## 3.4 Beschreibung der verwendeten Datengrundlage

Um die verschiedenen Ansätze der Datenmodellierung zu erläutern, soll zur Veranschaulichung ein stark vereinfachtes Datenmodell des Sportvereins *SC Sonnenfeld* herangezogen werden. Das Modell besteht lediglich aus vier Tabellen.

Es wird die im Folgenden beschriebene Geschäftslogik abgebildet: Der Sportverein bietet verschiedene Sportarten, wie *Fußball*, *Handball* und *Schwimmen* an. Für jede ausgeübte Sportart wird ein Monatsbeitrag fällig.

Der Verein bietet für Junioren und Senioren unterschiedliche Beitragssätze an, dies wird über die *Mitgliedsart* gesteuert. Die Senioren entrichten den vollen Beitrag, Junioren zahlen einen um 50 % reduzierten Beitragssatz.

Die Beziehung zwischen einem Mitglied und der ausgeübten Sportart wird über die Tabelle *T-Mitglied-Sportart* mit einem Fremdschlüssel (*Mitglied-ID*) hergestellt. Ein Mitglied kann mehrere Sportarten ausüben. Es wird für jede ausgeübte Sportart festgehalten, seit wann sie ausgeübt wird (*Aktiv-von*), bzw. wie lange sie ausgeübt wurde (*Aktiv-bis*). Wird die Sportart vom Mitglied noch aktiv ausgeführt, so wird das *Aktiv-bis-Datum* nicht gefüllt.

Der monatliche Beitrag für jedes Mitglied ergibt sich aus dem Beitragssatz multipliziert mit dem Monatsbeitrag pro ausgeübte Sportart.

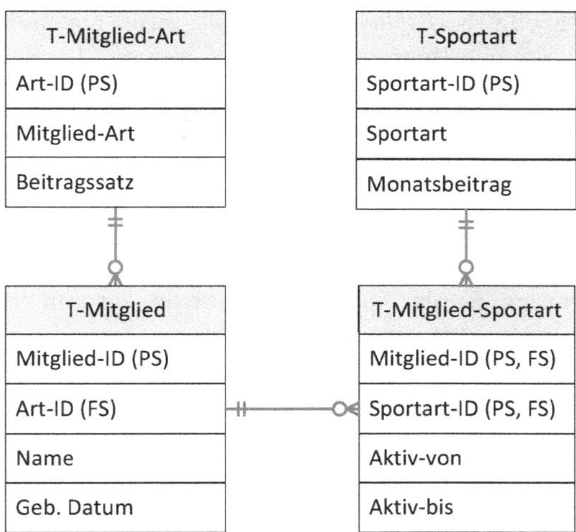


**Abb. 3.5** Datenmodell des SC Sonnenfeld

Dieses Beispiel verzichtet bewusst auf technische oder weitere fachliche Implementierungsdetails. Reale Systeme sind meist sehr viel komplexer, auch dann, wenn es sich nur um einen kleinen Sportverein handelt.

In Abb. 3.5 ist das Ausgangsdatenmodell des Sportvereins *SC Sonnenfeld* nach der Krähenfußnotation dargestellt.

Jede Tabelle enthält Schlüsselattribute und beschreibende Attribute, welche die eigentlichen Nutzdaten enthalten. Für jede Tabelle wird ein ID-Attribut, das als Primärschlüssel (PS) dient, definiert. Die Beziehungen zwischen den Tabellen werden durch Fremdschlüssel (FS) hergestellt. Zu beachten ist, dass die Tabelle *T-Mitglied-Sportart* einen zusammengesetzten Primärschlüssel enthält, da nur die Kombination von *Mitglied-ID* und *Sportart-ID* an dieser Stelle eindeutig ist. Die beiden Fremdschlüssel *Mitglied-ID* und *Sportart-ID* hingegen sind nicht zusammengesetzt. Sie verweisen zum einen auf die *Tabelle T-Mitglied* und zum anderen auf die Tabelle *T-Sportart*.

Für die Modellierungsbeispiele sind in den Tabellen die im Folgenden beschriebenen Daten enthalten.

Die Tabelle *T-Mitglied-Art* enthält zwei Datensätze (vgl. Abb. 3.6), um den Beitragssatz für Junioren und für Senioren zu speichern. Der Beitragssatz ist als prozentualer Anteil des Monatsbeitrags in der Tabelle *T-Sportart* zu interpretieren.

In der Tabelle *T-Mitglied* werden alle aktiven und passiven Mitglieder des *SC Sonnenfeld* gespeichert. Abb. 3.7 stellt einen Ausschnitt ihrer Daten dar.

In der Tabelle *T-Sportart* (vgl. Abb. 3.8) werden beispielhaft drei Sportarten, die der Sportverein anbietet, zusammen mit dem entsprechenden Monatsbeitrag abgelegt.

In der Tabelle *T-Mitglied-Sportart* (vgl. Abb. 3.9) wird die Beziehung zwischen den Mitgliedern und der Sportart abgebildet. Es wird zudem festgehalten, wie lange ein Mitglied eine bestimmte

**Abb. 3.6** Beispieldatensätze der Tabelle T-Mitglied-Art

| Art-ID | Mitglied-Art | Beitragssatz |
|---|---|---|
| 4001 | Junior | 50 |
| 4002 | Senior | 100 |

| Mitglied-ID | Art-ID | Name | Geb. Datum |
|---|---|---|---|
| 1001 | 4002 | Schneider | 28.04.1991 |
| 1002 | 4001 | Gärtner | 20.07.2018 |
| 1003 | 4002 | Bauer | 30.10.1990 |
| 1004 | 4002 | Töpfer | 11.12.1981 |

**Abb. 3.7** Beispieldatensätze der Tabelle T-Mitglied

**Abb. 3.8** Beispieldatensätze der Tabelle T-Sportart

| Sportart-ID | Sportart | Monatsbeitrag |
|---|---|---|
| 3001 | Fußball | 20 |
| 3002 | Handball | 30 |
| 3003 | Schwimmen | 50 |

| Mitglied-ID | Sportart-ID | Aktiv-von | Aktiv-bis |
|---|---|---|---|
| 1001 | 3001 | 01.01.2020 | - |
| 1002 | 3001 | 01.06.2025 | 31.03.2026 |
| 1002 | 3002 | 01.11.2025 | - |
| 1004 | 3003 | 01.07.2005 | - |

**Abb. 3.9** Beispieldatensätze der Tabelle T-Mitglied-Sportart

Sportart ausgeübt hat. Ist das Aktiv-bis-Attribut nicht gesetzt, so wird die Sportart auch aktuell noch vom Mitglied ausgeübt.

## 3.5 Dimensionale Modellierung

Bei der **dimensionalen Modellierung** (vgl. Abb. 3.10) werden die Tabellen des Quellsystems immer in sogenannte **Fakten** und **Dimensionen** eingeteilt.

Die Fakten entstehen i. d. R. aus **Bewegungsdaten**. Als Bewegungsdaten bezeichnet man Daten, welche als Ergebnis einer Geschäftstätigkeit in einem operativen System anfallen. Dies können Rechnungen, Lieferungen, Buchungen oder Ähnliches sein.

Bewegungsdaten werden im Analysesystem häufig aggregiert und in einen zeitlichen Kontext gestellt. Sie stellen die Basis für Kennzahlen dar (vgl. Abschn. 5.1), welche analysiert werden sollen. Im Modellierungsbeispiel des *SC Sonnenfeld* könnte dies der Beitrag sein, welchen jedes Mitglied monatlich zu zahlen hat.

Die Dimensionen enthalten die beschreibenden Informationen und Sichtweisen, unter denen die Kennzahlen der Faktentabelle analysiert werden sollen.

Das hier gezeigte dimensionale Modell des Sportvereins ist als sogenanntes **Sternschema** modelliert. Die Benennung bezieht sich dabei auf das Design des Modells, welches vorsieht, dass alle Dimensionen sternförmig um die Faktentabelle herum angeordnet werden. Die Primärschlüssel der Dimension sind in der Faktentabelle als Fremdschlüssel hinterlegt. Die Dimensionen sind de-

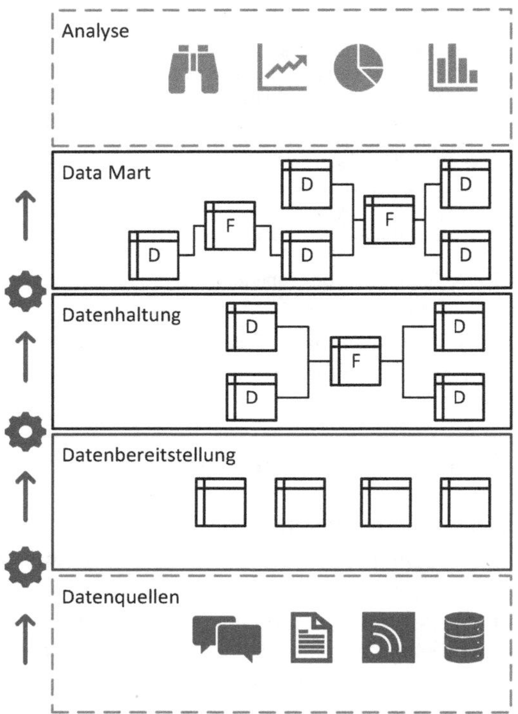


**Abb. 3.10** Analysesystem mit einer dimensional modellierten Datenhaltung

normalisiert, d. h. Redundanzen in den Dimensionen sind ausdrücklich erlaubt. Das Sternschema-Modell hat sich aufgrund seiner guten Abfrageeigenschaften und der leichten Verständlichkeit bewährt.

Aus dem in Abschn. 3.4 beschriebenen Quellsystem lässt sich das in Abb. 3.11 dargestellte dimensionale Datenmodell ableiten. Die Bezeichnungen der Dimensionstabellen beginnen darin mit einem *D*, die Bezeichnung der Faktentabelle mit einem *F*.

Die Fremdschlüssel in der Faktentabelle *F-Beitrag* definieren zugleich die **Granularität** der Kennzahl *Monatsbeitrag*. Jede mögliche Kombination aus *D-Mitglied, D-Sportart und D-Beitrags-Datum* bildet die Schnittmenge für einen *Monatsbeitrag*.

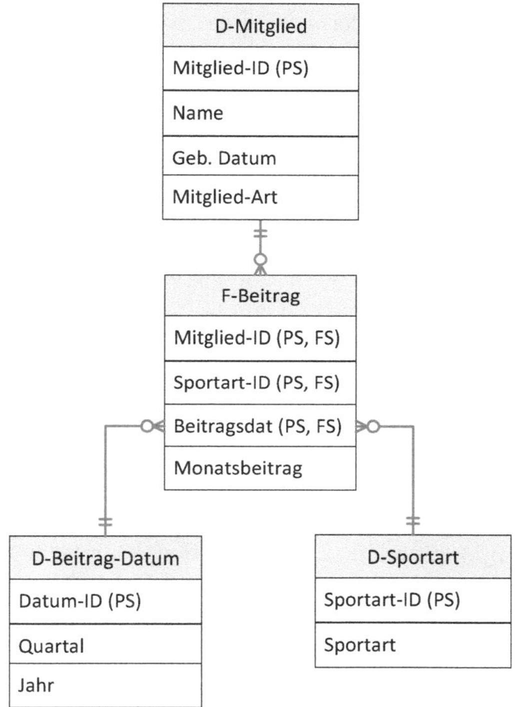


**Abb. 3.11** Dimensional modelliertes Sternschema

Der Begriff der Granularität beschreibt den höchsten Detailgrad der Fakten in Bezug auf eine Dimension. Beispielsweise lässt sich in dem hier vorgestellten Modell der Monatsbeitrag pro Mitglied (*D-Mitglied*), pro Sportart (*D-Sportart*), pro Mitgliedsart (*D-Mitglied*, Attribut *Mitgliedsart*) oder pro Monat (*D-Datum*) darstellen.

Es existieren häufig verschiedene Möglichkeiten der Darstellung von Datenstrukturen in einem Sternschema. Ein wichtiger Faktor ist hier immer die analytische Fragestellung, welche durch das Modell beantwortet werden soll.

Die Informationen, welche in den Dimensionen *D-Mitglied* und *D-Sportart* abgelegt sind, können leicht aus den Quelldaten

| Mitglied-ID | Name | Geb. Datum | Mitglied-Art |
|---|---|---|---|
| 1001 | Schneider | 28.04.1991 | Senior |
| 1002 | Gärtner | 20.07.2018 | Junior |
| 1003 | Bauer | 30.10.1990 | Senior |
| 1004 | Töpfer | 11.12.1981 | Senior |

**Abb. 3.12** Beispieldatensätze der Dimension D-Mitglied

selektiert werden: Ihre Tabellenstrukturen ändern sich bei der Überführung nur geringfügig.

Die Dimension *D-Datum* jedoch wird nicht aus den Quelldaten befüllt, sondern stellt eine Art Kalenderauszug dar. Sie enthält alle relevanten Datumsinformationen, welche für die Analyse benötigt werden. Diese Informationen werden i. d. R. nicht aus dem Quellsystem gewonnen, sondern von einem ETL-Prozess (vgl. Abschn. 3.1) generiert. Die Dimension kann demnach auch Datumsinformationen enthalten, die in der Zukunft liegen und für die es entsprechend noch keine Bewegungsdaten gibt.

In den folgenden Abbildungen sind einige Inhalte der Dimensionen und der Fakten beispielhaft dargestellt.

Für die Dimensionstabelle *D-Mitglied* (vgl. Abb. 3.12) werden die Daten aus dem Quellsystem der Tabelle *T-Mitglied* übernommen und mit den Daten der Tabelle *T-Mitglied-Art* kombiniert. Diese Vorgehensweise findet man häufig, wenn es darum geht, Tabellen für die Analyse zusammenzufassen. Oft findet in diesem Zusammenhang eine **Denormalisierung** der Daten statt, um die Abfrageeigenschaften des Modells zu verbessern.

Die Daten der Tabelle *T-Sportart* werden im Grunde unverändert aus dem Quellsystem übernommen und in der Dimensionstabelle *D-Sportart* (vgl. Abb. 3.13) abgelegt.

Die Dimension *D-Datum* (vgl. Abb. 3.14) ist ein Spezialfall und kann so nicht aus dem Quelldatensystem abgeleitet werden. Jedoch hat es sich bewährt, in jedem dimensionalen Modell eine zeitabhängige Dimension zu erstellen. Dabei wird häufig der gesamte relevante Zeitraum in einer initialen Beladung angelegt,

| Sportart-ID | Sportart |
|---|---|
| 3001 | Fussball |
| 3002 | Handball |
| 3003 | Schwimmen |

**Abb. 3.13** Beispieldatensätze der Dimension D-Sportart

| Datum-ID | Quartal | Jahr |
|---|---|---|
| 01.01.2026 | 1 | 2026 |
| 01.02.2026 | 1 | 2026 |
| 01.03.2026 | 1 | 2026 |
| 01.04.2026 | 2 | 2026 |
| ... | ... | ... |
| 01.11.2026 | 4 | 2026 |
| 01.12.2026 | 4 | 2026 |

**Abb. 3.14** Beispieldatensätze der Dimension D-Datum

z. B. vom 01.01.1900–31.12.2100. Die Granularität der Dimension wird durch die Fakten bestimmt, mit denen sie verknüpft werden soll. In diesem Beispiel ist dies der *Beitragsmonat*. Demzufolge muss die Datumsdimension pro Monat einen Eintrag enthalten; dies ist hier immer der erste Tag des Monats (01.01.2026, 01.02.2026 usw.).

Bei vielen fachlichen Anforderungen stellt der Tag die feinste Granularität der Dimension dar, beispielsweise bei Buchungs- oder Abrechnungssystemen, welche auf Tagesbasis fakturieren.

Um die Analyseabfragen zu unterstützen, können hier bereits weitere Datumsformate als zusätzliche Merkmale angelegt werden, beispielsweise das Quartal oder das Jahr.

| Mitglied-ID | Sportart-ID | Beitragsdat | Monatsbeitrag |
|---|---|---|---|
| 1001 | 3001 | 01.01.2026 | 20 |
| 1001 | 3001 | 01.02.2026 | 20 |
| ... | ... | ... | ... |
| 1002 | 3001 | 01.06.2026 | 10 |
| 1002 | 3001 | 01.07.2026 | 10 |
| ... | ... | ... | ... |
| 1002 | 3002 | 01.11.2026 | 15 |
| 1002 | 3002 | 01.12.2026 | 15 |
| 1002 | 3001 | 01.06.2026 | 10 |
| 1002 | 3001 | 01.07.2026 | 10 |
| ... | ... | ... | ... |
| 1004 | 3003 | 01.01.2026 | 50 |
| 1004 | 3003 | 01.02.2026 | 50 |
| ... | ... | ... | ... |

**Abb. 3.15** Beispieldatensätze der Faktentabelle F-Beitrag

Die Inhalte der Faktentabelle *F-Beitrag* (vgl. Abb. 3.15) basieren auf den Daten in der Tabelle *T-Mitglied-Sportart*, kombiniert mit den Tabellen *T-Sportart* (Monatsbeitrag), *T-Mitglied* und *T-Mitglied-Art* (Beitragssatz). Aus dem durch den Verein je Sportart festgelegten Monatsbeitrag multipliziert mit dem Beitragssatz ergibt sich der konkrete Beitrag für ein aktives Mitglied in einem Monat. Das Attribut *Datum-ID* wird hier als komplettes Datum in der Form *TT.MM.JJJJ* dargestellt. Denkbar wäre es auch, hier auf die Angabe des Tages zu verzichten, da es sich um einen Monatsbeitrag handelt und ein Datum in der Form *MM.JJJJ* zu verwenden. Der besseren Verständlichkeit wegen wurde hier und in der Dimension *D-Datum* jedoch die üblichste Form der Datumsdarstellung verwendet.

Die Modellierung der Daten in der Struktur eines Sternschemas ermöglicht die einfachere Beantwortung analytischer Fragestellungen, als dies in Quellsystemen möglich ist, z. B.:

- Wie hoch sind die Einnahmen des Sportvereins im Jahr 2026 insgesamt?
- Wie hoch sind die Einnahmen des Sportvereins pro Monat/ Sportart/Mitgliedsart?
- Wie viele aktive Mitglieder hat der Verein am 01. April 2026?

Das **Snowflake-Schema** kann als eine Erweiterung des Sternschemas verstanden werden. Es dient der Verfeinerung bzw. **Normalisierung** von Dimensionstabellen. Durch diese Weiterverzweigung entsteht eine „Schneeflocke". Diese Art der Modellierung bietet einige Vorteile, wie weniger Redundanz in den Dimensionen und eine bessere Strukturierung der Daten. Als Nachteil gilt, dass die Beladung des Modells aufwändiger werden kann sowie, dass sich die Abfragegeschwindigkeit aufgrund der größeren Anzahl von Tabellen eventuell verschlechtert. Weiterhin kann sich die Komplexität der Abfragen wegen der größeren Anzahl der Tabellen erhöhen.

Abb. 3.16 zeigt ein Beispiel, in dem *D-Mitglied-Art* und *D-Mitglied* in zwei Tabellen modelliert sind – auf eine Darstellung der Attribute wird hier aus Gründen der Übersichtlichkeit verzichtet. Über einen Fremdschlüssel wird die Beziehung hergestellt. Daraus ergibt sich, dass das Datenmodell nun eine zusätzliche Tabelle enthalten muss (vgl. Abb. 3.17).

In der Dimension *D-Mitglied-Art* werden die beiden Mitgliedsarten des *SC Sonnenfeld* gespeichert.

In der Dimension *D-Mitglied* entfällt das Attribut *Art* und wird durch einen Fremdschlüssel (*Art-ID*) auf die Dimension *D-Mitglied-Art* ersetzt (vgl. Abb. 3.18). Bei jeder Abfrage auf die Mitgliedsart muss nun eine weitere Tabelle in die Abfrage aufgenommen werden.

Bei einigen Analysen ist das Alter eines Mitglieds von Bedeutung. Beispielsweise dann, wenn ermittelt werden soll, wie sich die Altersstruktur des Vereins in Bezug auf die verschiedenen Sportarten darstellt.

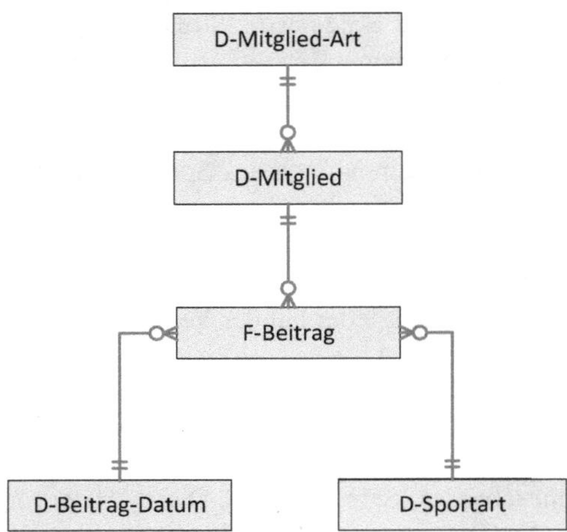


**Abb. 3.16** Dimensional modelliertes Sternschema mit Snowflake

| Art-ID | Mitglied-Art |
|---|---|
| 4001 | Junior |
| 4002 | Senior |

**Abb. 3.17** Beispieldatensätze der Dimension D-Mitglied-Art

| Mitglied-ID | Art-ID | Name | Geb. Datum |
|---|---|---|---|
| 1001 | 4002 | Schneider | 28.04.1991 |
| 1002 | 4001 | Gärtner | 20.07.2018 |
| 1003 | 4002 | Bauer | 30.10.1990 |
| 1004 | 4002 | Töpfer | 11.12.1981 |

**Abb. 3.18** Beispieldatensätze der Dimension D-Mitglied mit Art-ID als Fremdschlüssel

In dem hier gewählten Beispiel ist das Alter der Mitglieder bekannt, da ihr Geburtsdatum in der Tabelle *D-Mitglied* gespeichert ist. Bei Auswertungen ist es jedoch recht mühsam, jedes Mal aus dem Geburtsdatum das Alter eines Mitglieds zu einem bestimmten oder dem aktuellen Zeitpunkt zu berechnen und einer Altersgruppe zuzuordnen.

Daher wird in der Praxis häufig eine weitere Dimension für die Abbildung der Altersstruktur in die Modellierung eingeführt.

Die Dimension besteht im folgenden Beispiel aus zwei Attributen: *Alter-ID* enthält das Alter in Jahren und im Attribut *Gruppe* wird festgelegt, in welche Alterskohorte das Alter einzuordnen ist.

Auch diese Dimension wird, genau wie *D-Datum,* nicht aus den Daten des operativen Systems gefüllt, sondern einmalig durch einen ETL-Prozess oder auch manuell, wenn dies zielführend ist.

Abb. 3.19 stellt einen Auszug aus der Dimension *D-Alter* dar.

Um die neue Dimension nutzen zu können, muss sie mit der Faktentabelle in Beziehung gesetzt werden. Dafür wird die Faktentabelle um das Beziehungsattribut *Alter-ID* erweitert (vgl.

| Alter-ID | Gruppe |
|---|---|
| 0 | 0-9 |
| 1 | 0-9 |
| 2 | 0-9 |
| ... | ... |
| 10 | 10-19 |
| 11 | 10-19 |
| ... | ... |
| 20 | 20-29 |
| 21 | 20-29 |
| ... | ... |

**Abb. 3.19** Beispieldatensätze der Dimension D-Alter

| F-Beitrag |
| --- |
| Mitglied-ID (PS, FS) |
| Sportart-ID (PS, FS) |
| Alter-ID (PS, FS) |
| Beitragsdat. (PS, FS) |
| Monatsbeitrag |

**Abb. 3.20** F-Beitrag, erweitert um ein Attribut Alter-ID

| Mitglied-ID | Sportart-ID | Alter-ID | Beitragsdat. | Monatsbeitrag |
| --- | --- | --- | --- | --- |
| 1001 | 3001 | 34 | 01.01.2026 | 20 |
| 1001 | 3001 | 34 | 01.02.2026 | 20 |
| ... | ... | ... | ... | ... |

**Abb. 3.21** Beispieldatensätze der Faktentabelle F-Beitrag, erweitert um das Attribut Alter-ID

Abb. 3.20). Dieses Attribut ist, wie die Schlüssel der anderen Dimensionen auch, zugleich Teil des Primärschlüssels der Faktentabelle und ein Fremdschlüssel auf die Dimensionstabelle *D-Alter*. Das Attribut enthält das Alter des Mitglieds zum jeweiligen Monatsanfang.

Wird die Faktentabelle vom ETL-Prozess befüllt, so ergeben sich die in Abb. 3.21 auszugsweise dargestellten Daten.

Bei Abfragen auf die so modellierten Daten lässt sich sehr einfach die Altersstruktur des Sportvereins zu einem gegebenen Zeitpunkt ermitteln, beispielsweise das Durchschnittsalter aller Vereinsmitglieder oder aber die Entwicklung der Altersstruktur über einen gegebenen Zeitraum.

Es gibt Dimensionen, die je nach Auswertungsbereich eine andere Bedeutung, jedoch immer dieselbe Datenbasis haben. Diese Dimensionen kommen in verschiedenen Rollen im Datenmodell vor. Als Beispiel sei hier die Datumsdimension genannt.

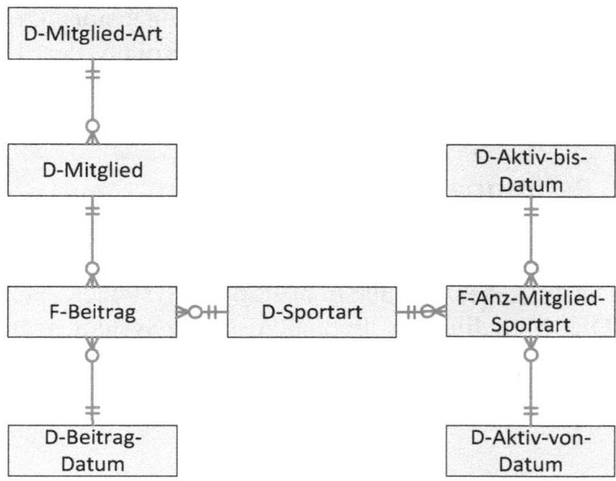


**Abb. 3.22** Dimensional modelliertes Galaxy Schema mit Rollen und Conformed Dimension

Im folgenden Beispiel wird eine weitere Faktentabelle eingeführt, welche als Kennzahl die *Anzahl der Mitglieder* enthält, die aktiv eine Sportart im Verein ausüben. Diese Kennzahl wird durch eine einfache Zählung der Mitglieder pro Sportart in einem ETL-Prozess ermittelt und ist insofern eine abgeleitete Kennzahl, die in den Quelldaten so nicht enthalten ist.

Die Dimensionstabelle *D-Datum* ist mit den Faktentabellen in fachlich unterschiedlichen Rollen verknüpft. Zum einen wird das Beitragsdatum abgebildet, außerdem die Aktivität eines Mitglieds in Bezug auf die ausgeübte Sportart.

Als **Conformed Dimension** wird eine Dimension bezeichnet, welche zwei oder mehr Faktentabellen miteinander verbindet. Abb. 3.22 zeigt ein Datenmodell, in dem die Dimension *D-Sportart* als Conformed Dimension modelliert ist. Sie verknüpft die beiden Faktentabellen *F-Beitrag* und *F-Anz-Mitglied-Sportart*. Die Dimension hat für die beiden Faktentabellen die gleiche fachliche Bedeutung.

Werden zwei oder mehr Sternschema-Modelle mithilfe von Conformed Dimensions verbunden, so wird das Ergebnis als **Galaxy Schema** bezeichnet. In Abb. 3.22 ist ein einfaches Galaxy

Schema dargestellt. Weiterhin sind die Dimensionen *D-Aktiv-von-Datum* und *D-Aktiv-bis-Datum* als Rollen der Datumsdimension abgebildet.

## 3.6 Relationale Modellierung

Die **relationale Datenmodellierung** (vgl. Abb. 3.23) kommt sowohl in analytischen als auch in operativen Systemen zur Anwendung. Die Modellierung in analytischen Systemen folgt im Wesentlichen dem Begriff der **Corporate Information Factory** nach William H. Inmon (1997).

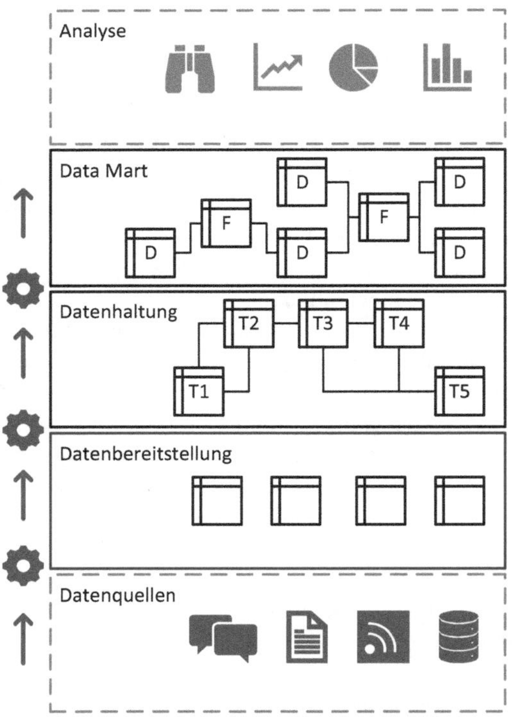


**Abb. 3.23** Analysesystem mit einer relational modellierten Datenhaltung

Eine relational modellierte Datenhaltung wird gelegentlich auch als **Enterprise Data Warehouse** bezeichnet. Dabei basiert die Datenhaltung auf einem normalisierten Modell, Redundanzen in der Datenhaltung sind demnach nicht erwünscht. Dieses Modell ist typischerweise nicht für direkte Analysen vorgesehen, dafür wird eine weitere Datenschicht implementiert, welche dimensional nach dem Sternschema-Ansatz (vgl. Abschn. 3.5) modelliert ist. Sie wird dann als **Data-Mart-Schicht** bezeichnet. Die Data Marts implementieren die dimensionale abteilungs- oder funktionsbezogene Sichtweise für den Endbenutzerzugriff (vgl. Abschn. 3.2).

Die relationale Modellierung der Datenhaltungsschicht wird beispielsweise dann angewandt, wenn die Daten aus dem Quellsystem generell **historisiert** im Analysesystem abgelegt werden sollen. Ebenso kann es sinnvoll sein, Daten aus verschiedenen Quellsystemen zunächst in einem relationalen Modell zusammenzuführen und im Anschluss die Data Marts zu beladen, um so die Komplexität der Datenintegration auf mehrere Prozessschritte zu verteilen.

Eine Variante für die relationale Modellierung mit Historisierung ist es, für jede Tabelle aus den Quellsystemen eine **Kopf-** sowie eine **Versionstabelle** in der Datenhaltungsschicht zu implementieren. Ein entsprechendes Datenmodell ist in Abb. 3.24

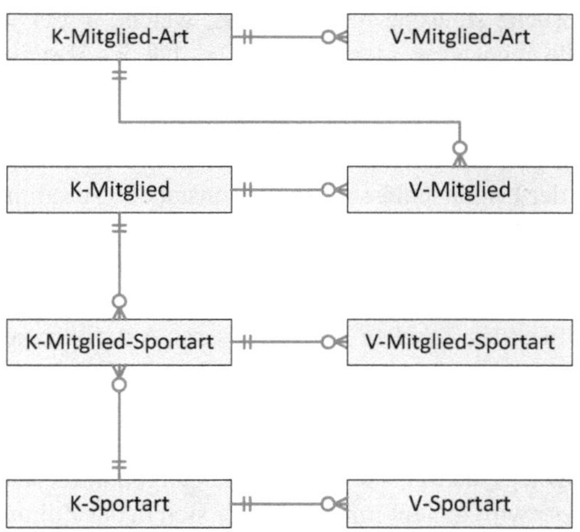


**Abb. 3.24** Relational modellierte Datenhaltung

dargestellt. Bezeichnungen von Kopftabellen beginnen darin mit einem *K*, Versionstabellen mit einem *V*.

Die Kopftabelle (engl. Head) enthält dabei den eindeutigen Schlüssel pro Tabelle sowie die statischen, nicht veränderlichen Attribute.

Die Versionstabelle enthält einen zusammengesetzten Primärschlüssel aus dem Primärschlüssel der Kopftabelle sowie zusätzlich dem Gilt-von-Zeitstempel des jeweiligen Datensatzes. Weiterhin werden in der Versionstabelle die Gültigkeitsdauer des Datensatzes sowie alle dynamischen, veränderlichen Attribute abgelegt.

Sollten sich Attribute einer Tabelle im Quellsystem ändern, so wird ein neuer Eintrag in der zugehörigen Versionstabelle im Analysesystem angelegt. Der Eintrag in der Kopftabelle bleibt hingegen unverändert bestehen, solange der Datensatz existiert.

Die folgenden Abbildungen zeigen eine mögliche relationale Modellierung der Tabellen des Sportvereins mit einigen Beispieldatensätzen. Es wird hier angenommen, dass die Attribute

- *Mitglied-Art* (Tabelle *T-Mitglied-Art*)
- *Geb. Datum* (Tabelle *T-Mitglied*)
- *Sportart* (Tabelle *T-Sportart*)

unveränderliche statische Attribute sind, welche in der jeweiligen Kopftabelle abgelegt werden können. Dies hat den Vorteil, dass Redundanzen in den Daten vermieden werden, da bei jeder Änderung der dynamischen Attribute der komplette Datensatz erneut im Analysesystem gespeichert wird. In Abb. 3.25 wird noch einmal deutlich, dass der Primärschlüssel der Versionstabelle zusammengesetzt wird. In der Praxis kommt es häufig vor, dass für jeden Datensatz noch einmal künstliche Schlüssel, auch **Surrogatschlüssel** oder kurz **SID** genannt, vom IT-System erzeugt werden, um die Abfrageeigenschaften der Tabellen zu verbessern. Auf Surrogatschlüssel wurde hier verzichtet, um die Beispiele übersichtlich zu halten.

In Abb. 3.26 werden die Kopf- und Versionstabelle der Mitgliedsart dargestellt. Das Attribut *Mitglied-Art* wird in der Kopftabelle abgelegt, da es als unveränderlich angenommen wird. Vom *Beitragssatz* wird angenommen, dass er sich in der Zukunft ändern kann, dieses Attribut wird daher in der Versionstabelle gespeichert.

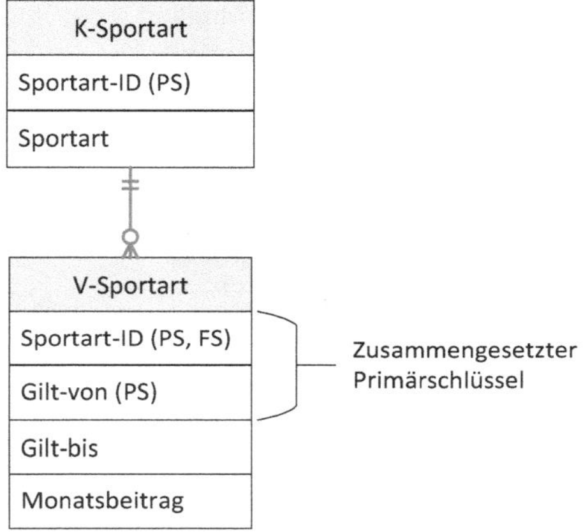


**Abb. 3.25** Relational modellierte Tabellen K-Sportart und V-Sportart

**Abb. 3.26** Mitgliedsart, Kopf- und Versionstabelle

**a. Kopftabelle: K-Mitglied-Art**

| Art-ID | Mitglied-Art |
|---|---|
| 4001 | Junior |
| 4002 | Senior |

**b. Versionstabelle: V-Mitglied-Art**

| Art-ID | Gilt-von | Gilt-bis | Beitragssatz |
|---|---|---|---|
| 4001 | 01.01.2010 | 31.12.9999 | 50 |
| 4002 | 01.01.2010 | 31.12.9999 | 100 |

Bei den Mitgliedsdaten wird angenommen, dass das *Geburtsdatum* unveränderlich ist (Fehleingaben gibt es in diesem Beispiel nicht). Daher wird dieses Attribut der Kopftabelle für Mitglieder abgelegt, wie in Abb. 3.27 dargestellt. Zu beachten ist hier auch, dass in der Versionstabelle *V-Mitglied* ein weiterer Fremdschlüssel auf die Tabelle *K-Mitglied-Art* hinterlegt ist, um die entsprechende Beziehung aus dem Quelldatenmodell abzubilden. Es wird hier angenommen, dass sich die Mitgliedsart im Laufe der Zeit ändern kann.

**a. Kopftabelle: K-Mitglied**

| Mitglied-ID | Geb. Datum |
|---|---|
| 1001 | 28.04.1991 |
| 1002 | 20.07.2018 |
| 1003 | 30.10.1990 |
| 1004 | 11.12.1981 |

**b. Versionstabelle: V-Mitglied**

| Mitglied-ID | Gilt-von | Gilt-bis | Name | Art-ID |
|---|---|---|---|---|
| 1001 | 01.01.2010 | 31.12.9999 | Schneider | 4001 |
| 1002 | 01.01.2010 | 31.12.9999 | Gärtner | 4002 |
| 1003 | 01.01.2010 | 31.12.9999 | Bauer | 4002 |
| 1004 | 01.01.2010 | 31.12.9999 | Töpfer | 4001 |

**Abb. 3.27** Mitglied, Kopf- und Versionstabelle

*In den Tabellen K-Sportart und V-Sportart werden die Informationen aus der Tabelle T-Sportart des Quelldatenmodells gespeichert, wie in*

Abb. 3.28 dargestellt. Das Attribut Sportart ist dabei unveränderlich, der Monatsbeitrag wird als volatil angenommen.

Die Informationen zur Beziehung zwischen Mitglied und Sportart aus dem Quelldatenmodell werden, wie in Abb. 3.29 dargestellt, in den Tabellen *K-Mitglied-Sportart* und *V-Mitglied-Sportart* gespeichert. Zu beachten ist, dass der Primärschlüssel der Tabelle *K-Mitglied-Sportart* aus den Attributen *Mitglied-ID* und *Sportart-ID* zusammengesetzt ist. Demzufolge besteht der Primärschlüssel der Tabelle *V-Mitglied-Sportart* aus den *Attributen Mitglied-ID*, *Sportart-ID* und *Gilt-von.*

Die Funktionsweise der **Versionierung** soll anhand der Tabelle Sportart beispielhaft erläutert werden. Ändert sich der Monatsbeitrag für eine Sportart, so wird in der Versionstabelle eine

**Abb. 3.28** Sportart, Kopf- und Versionstabelle

**a. Kopftabelle: K-Sportart**

| Sportart-ID | Sportart |
|---|---|
| 3001 | Fussball |
| 3002 | Handball |
| 3003 | Schwimmen |

**b. Versionstabelle: V-Sportart**

| Sportart-ID | Gilt-von | Gilt-bis | Monats-beitrag |
|---|---|---|---|
| 3001 | 01.01.2010 | 31.12.9999 | 20 |
| 3002 | 01.01.2010 | 31.12.9999 | 30 |
| 3003 | 01.01.2010 | 31.12.9999 | 50 |

**a. Kopftabelle: K-Mitglied-Sportart**

| Mitglied-ID | Sportart-ID |
|---|---|
| 1001 | 3001 |
| 1002 | 3001 |
| 1002 | 3002 |
| 1004 | 3003 |

**b. Versionstabelle: V-Mitglied-Sportart**

| Mitglied-ID | Sportart-ID | Gilt-von | Gilt-bis | Aktiv-von | Aktiv-bis |
|---|---|---|---|---|---|
| 1001 | 3001 | 01.01.10 | 31.12.99 | 01.01.20 | - |
| 1002 | 3001 | 01.01.10 | 31.12.99 | 01.06.25 | 31.03.26 |
| 1002 | 3002 | 01.01.10 | 31.12.99 | 01.11.25 | - |
| 1004 | 3003 | 01.01.10 | 31.12.99 | 01.07.05 | - |

**Abb. 3.29** Mitglied-Sportart, Kopf- und Versionstabelle, aus Platzgründen ist das Jahr hier jeweils nur zweistellig dargestellt

| Sportart-ID | Gilt-von | Gilt-bis | Monatsbeitrag |
|---|---|---|---|
| *3001* | *01.01.2010* | *31.03.2026* | *20* |
| **3001** | **01.04.2026** | **31.12.9999** | **30** |
| 3002 | 01.01.2010 | 31.12.9999 | 30 |
| 3003 | 01.01.2010 | 31.12.9999 | 50 |

**Abb. 3.30** Versionstabelle V-Sportart, mit neuem Monatsbeitrag

Zeile mit dem entsprechenden Gültigkeitsintervall eingefügt und der bisherige Eintrag terminiert. Die Kopftabelle für die Sportart bleibt unverändert.

In Abb. 3.30 ist ein Beispiel dargestellt, bei dem sich der Beitrag für die Sportart *Fußball* zum *01.04.2026* von *20 €* auf *30 €* erhöht hat.

## 3.7 Data-Vault-Modellierung

Die Modellierung nach **Data-Vault-Design** (vgl. Abb. 3.31) stellt eine Alternative zur relationalen und dimensionalen Modellierung im Sternschema dar, wie sie in den letzten beiden Abschnitten beschrieben wurden.

Als Vorteile der Data-Vault-Modellierung gelten die starke Parallelisierung bei der Beladung der Tabellen mit Daten, die leichte Erweiterbarkeit des Datenmodells sowie die Standardisierung der Beladungsprozesse durch das vorgegebene Modellierungsschema.

In einem Data-Vault-Modell werden Schlüssel, beschreibende Attribute und Beziehungsinformationen konsequent in verschiedenen Tabellen gespeichert.

Audit-Informationen, wie das Ladedatum und die Herkunft des Datensatzes (die Datenquelle), werden zusätzlich in den Tabellen abgelegt.

Die Datenmodellierung nach der Data-Vault-Methode stützt sich im Kern auf drei Arten von Tabellen:

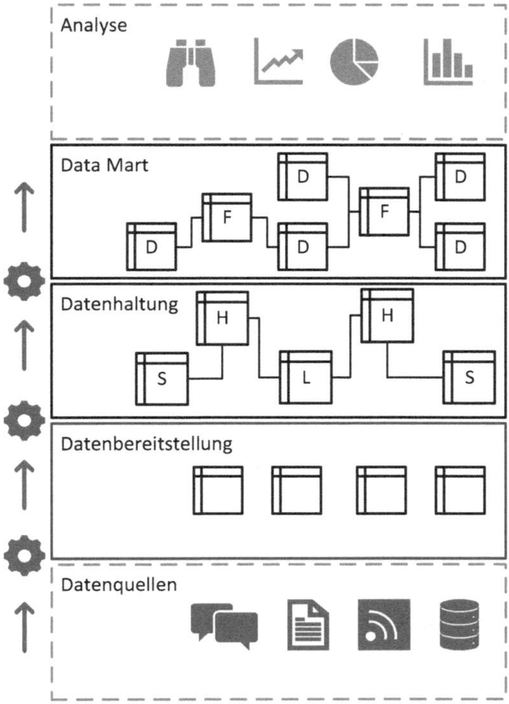


**Abb. 3.31** Analysesystem mit einer nach Data Vault modellierten Datenhaltung

- Hub
- Link
- Satellit

Beispielhaft wird hier die Tabelle *T-Mitglied* des Sportverein-Datenmodells (vgl. Abb. 3.7) nach der Data-Vault-Methodik in diese drei Tabellenarten zerlegt.

In Hub-Tabellen werden die Schlüsselinformationen gespeichert, in der Satellit-Tabelle die Kontextinformationen und im Link die Beziehungsinformationen. In Abb. 3.32 ist dies grafisch dargestellt.

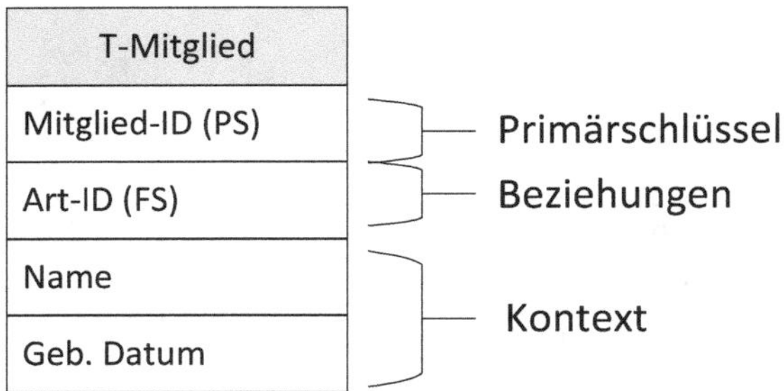


**Abb. 3.32** Kategorisierung von Attributen der Tabelle T-Mitglied für Data-Vault

Die **Hub-Tabelle** ist der Anker der drei neuen Tabellen und enthält die unveränderlichen Schlüssel, wie den Surrogatschlüssel, der während des ETL-Prozesses erzeugt wird, den Primärschlüssel des Quellsystems und Audit-Informationen. Es gibt keine direkten Verbindungen zwischen zwei Hub-Tabellen in einem Data-Vault-Modell, sie werden immer durch Link-Tabellen verknüpft.

Jede **Link-Tabelle** enthält einen eigenen Surrogatschlüssel, die Surrogatschlüssel der Hub-Tabellen, welche durch die Link-Tabelle verbunden werden, sowie ebenfalls Audit-Informationen. Link-Tabellen können beliebig viele Hub-Tabellen verbinden. Auch Link-Tabellen können direkt über Link-Tabellen verbunden sein.

In der **Satellit-Tabelle** werden die eigentlichen Nutzdaten aus dem Quellsystem historisiert gespeichert, d. h. alle Änderungen an den Daten der Quellsysteme sind nach Abschluss der ETL-Prozesse in den Satellit-Tabellen vorhanden. Satellit-Tabellen verweisen auf Hub-Tabellen oder Link-Tabellen. Jede Hub-Tabelle oder Link-Tabelle kann dabei beliebig viele Satellit-Tabellen besitzen. Die Aufteilung der Attribute einer Tabelle auf verschiedene Satellit-Tabellen kann sich nach der Änderungshäufigkeit der Daten richten. Es kommt vor, dass volatile Daten in eigens erstellten Satellit-Tabellen abgelegt werden, um zu verhindern, dass unnötig viele redundante Daten im Analysesystem entstehen.

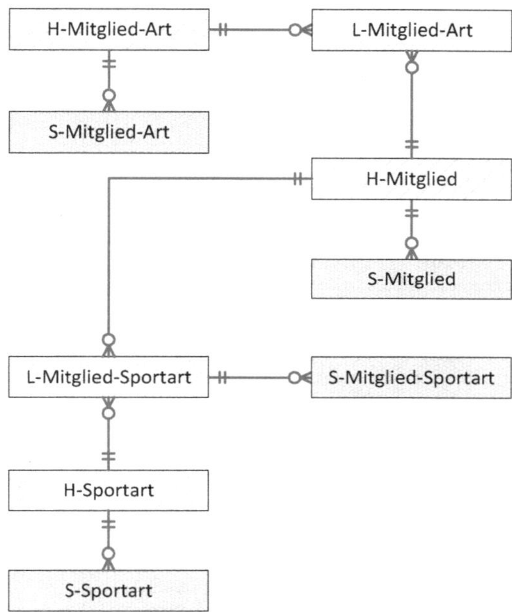


**Abb. 3.33** Data-Vault-Datenmodell des SC Sonnenfeld

Das nach den Data-Vault-Prinzipien erstellte Datenmodell des *SC Sonnenfeld* kann so wie in Abb. 3.33 dargestellt aussehen. Zur besseren Visualisierung sind Hub-, Link- und Satellit-Tabellen unterschiedlich schraffiert.

In Abb. 3.34 und folgend werden beispielhaft die Daten des *SC Sonnenfeld* in den nach dem Data-Vault-Prinzip modellierten Tabellen dargestellt. Die *SID*-Attribute sind die neu im ETL-Prozess erzeugten Surrogatschlüssel. Die *ID*-Attribute sind die Primärschlüssel aus dem Quellsystem. Das Attribut *Ladedatum* wurde für alle Hub-Tabellen eingeführt und enthält den Zeitstempel, zu dem der jeweilige Datensatz eingefügt wurde. Das Attribut *Gilt-ab* wurde in die Satellit-Tabellen und die Link-Tabellen eingefügt. Es enthält ebenfalls den Zeitstempel der Beladung und ist gleichzeitig Teil des Schlüssels. Die Hub- und Satellit-Tabellen enthalten zusätzlich das Attribut (Daten-)*Quelle*. Abb. 3.34 ist zunächst die Hub-Tabelle *H-Mitglied-Art* zu entnehmen.

| Art-SID | Art-ID | Ladedatum | Quelle |
|---|---|---|---|
| 5001 | 4001 | 01.01.2010 | SCS |
| 5002 | 4002 | 01.01.2010 | SCS |

**Abb. 3.34** Hub-Tabelle H-Mitglied-Art mit Beispieldatensätzen

| Art-SID | Gilt-ab | Art | Beitragssatz |
|---|---|---|---|
| 5001 | 01.01.2010 | Junior | 50 |
| 5002 | 01.01.2010 | Senior | 100 |
| 5001 | 05.03.2026 | Junior | 60 |

**Abb. 3.35** Satellit-Tabelle S-Mitglied-Art mit Beispieldatensätzen

| L-Mitglied-Art-SID | Art-SID | Mitglied-SID | Gilt-ab | Quelle |
|---|---|---|---|---|
| 6001 | 5002 | 7001 | 01.01.2010 | SCS |
| 6002 | 5001 | 7002 | 01.01.2010 | SCS |
| 6003 | 5002 | 7003 | 01.01.2010 | SCS |
| 6004 | 5002 | 7004 | 01.01.2010 | SCS |

**Abb. 3.36** Link-Tabelle L-Mitglied-Art

Abb. 3.35 zeigt die Daten der Satellit-Tabelle *S-Mitglied-Art*, welche aus der Tabelle *T-Mitglied-Art* des *SC Sonnenfeld* (vgl. Abb. 3.6) stammen. Wenn der Beitragssatz in dem Quellsystem geändert werden sollte, wird in der Satellit-Tabelle ein neuer Datensatz mit einem aktuellen *Gilt-ab*-Datum eingetragen. In der Regel ist das der Zeitpunkt, zu dem der Datensatz vom ETL-Prozess in die Satellit-Tabelle eingetragen wurde. Es handelt sich hier also um eine rein technische Historisierung der Daten. Der neue Beitragssatz ist in Abb. 3.35 schraffiert dargestellt.

Die Link-Tabelle *L-Mitglied-Art* (vgl. Abb. 3.36) enthält die Beziehungsinformationen der Hub-Tabellen *H-Mitglied* und *H-*

| Mitglied-SID | Mitglied-ID | Ladedatum | Quelle |
|---|---|---|---|
| 7001 | 1001 | 01.01.2010 | SCS |
| 7002 | 1002 | 01.01.2010 | SCS |
| 7003 | 1003 | 01.01.2010 | SCS |
| 7004 | 1004 | 01.01.2010 | SCS |
| 7005 | 4444 | 01.01.2020 | SCM |

**Abb. 3.37** Hub-Tabelle H-Mitglied

*Mitglied-Art*. Zusätzlich zu den beiden Fremdschlüsseln *Art-SID* und *Mitglied-SID*, enthält diese Tabelle einen neuen Primärschlüssel: *L-Mitglied-Art-SID*. Dies hat den Vorteil, dass sich die Beziehung zwischen den beiden Hub-Tabellen ebenfalls historisiert darstellen lässt. Ändern sich die Beziehungsinformationen zwischen den Hub-Tabellen, so wird in der Link-Tabelle ein neuer Datensatz mit einem neuen Primärschlüssel eingefügt. Durch den Zeitstempel *Gilt-ab* ist bekannt, ab wann die neue Beziehung gilt.

Häufig wird bei der Data-Vault-Modellierung in den Tabellen die Herkunft der Daten bzw. der Name des Quellsystems abgelegt. In diesem Beispiel ist in den Link-Tabellen und in den Hub-Tabellen das Attribut *Quelle* aufgenommen und mit dem Wert *SCS* für den *SC Sonnenfeld* gefüllt worden, um anzuzeigen, dass diese Daten aus dem operativen System des Vereins stammen. Sollten im Analysesystem auch Daten aus anderen Quellen verarbeitet werden, kann diese Unterscheidungsmöglichkeit hilfreich sein. Dies ist beispielsweise dann der Fall, wenn Datensätze von Mitgliedern aus mehreren Vereinen im Analysesystem zusammengeführt werden sollen. In diesem Fall würden diese Datensätze entsprechend mit einem anderen Wert für das Quellsystem gekennzeichnet werden (schraffierter Beispieldatensatz in Abb. 3.37, ein Mitglied des *SC Mondfeld)* und können bei der Analyse der Daten leicht erkannt werden.

Abb. 3.38 zeigt beispielhaft die Daten der Satellit-Tabelle *S-Mitglied*, auch hier wird der Primärschlüssel der Tabelle aus den Attributen *Mitglied-SID* und *Gilt-ab* zusammengesetzt.

| Mitglied-SID | Gilt-ab | Name | Geb. Datum |
|---|---|---|---|
| 7001 | 01.01.2010 | Schneider | 28.04.1991 |
| 7002 | 01.01.2010 | Gärtner | 20.07.2018 |
| 7003 | 01.01.2010 | Bauer | 30.10.1990 |
| 7004 | 01.01.2010 | Töpfer | 11.12.1981 |

**Abb. 3.38** Satellit-Tabelle S-Mitglied

**a. Hub-Tabelle: H-Sportart**

| Sportart-SID | Sportart-ID | Ladedatum | Quelle |
|---|---|---|---|
| 8001 | 3001 | 01.01.2010 | SCS |
| 8002 | 3002 | 01.01.2010 | SCS |
| 8003 | 3003 | 01.01.2010 | SCS |

**b. Satellit-Tabelle: S-Sportart**

| Sportart-SID | Gilt-ab | Name | Monatsbeitrag |
|---|---|---|---|
| 8001 | 01.01.2010 | Fussball | 20 |
| 8002 | 01.01.2010 | Handball | 30 |
| 8003 | 01.01.2010 | Schwimmen | 50 |

**Abb. 3.39** Hub- und Satellit-Tabelle Sportart

Abb. 3.39 stellt beispielhaft den Inhalt der Hub- und Satellit-Tabelle *Sportart* dar, welche inhaltlich der Tabelle *T-Sportart* aus dem Quelldatenmodell des *SC Sonnenfeld* (vgl. Abb. 3.8) entsprechen. Auch hier sind Schlüssel und beschreibende Informationen konsequent getrennt worden.

In Abb. 3.40 werden die Daten für die Link-Tabelle *L-Mitglied-Sportart* und den dazu gehörigen Satelliten *S-Mitglied-Sportart* dargestellt. In der Link-Tabelle werden die Beziehungs-

**a. Link-Tabelle: L-Mitglied-Sportart**

| Mitglied-Sportart-SID | Mitglied-SID | Sportart-SID | Ladedatum | Quelle |
|---|---|---|---|---|
| 9001 | 7001 | 8001 | 01.01.2020 | SCS |
| 9002 | 7002 | 8001 | 01.06.2024 | SCS |
| 9003 | 7002 | 8002 | 01.11.2024 | SCS |
| 9004 | 7004 | 8003 | 01.06.2005 | SCS |

**b. Satellit-Tabelle: S-Mitglied-Sportart**

| Mitglied-Sportart-SID | Gilt-ab | Aktiv-von | Aktiv-bis |
|---|---|---|---|
| 9001 | 01.01.2020 | 01.01.2020 | - |
| 9002 | 01.12.2024 | 01.06.2024 | 31.12.2024 |
| 9003 | 01.11.2024 | 02.11.2024 | - |
| 9004 | 01.06.2005 | 01.07.2005 | - |

**Abb. 3.40** Link- und Satellit-Tabelle für Mitglied-Sportart

informationen aus der Tabelle *T-Mitglied-Sportart* aus dem Quelldatenmodell abgelegt. In der Satellit-Tabelle werden die beschreibenden Informationen abgelegt, in diesem Falle die Attribute *Aktiv-von* und *Aktiv-bis*.

Wie die relationale Modellierung (vgl. Abschn. 3.6), so ist auch die Data-Vault-Modellierung nicht für direkte Analyseabfragen geeignet. Dafür müssen zusätzlich entsprechende Data Marts (vgl. Abschn. 3.2) implementiert werden.

Das Data-Vault-Modell bietet jedoch zahlreiche Vorteile für die Datenhaltung. Bei Erweiterungen müssen die bestehenden Tabellenstrukturen nicht angepasst werden, da neue Satellit-Tabellen einfach an bestehenden Hub-Tabellen angebunden werden können. Auch Änderungen von Objektbeziehungen erfordern keine Anpassung der Tabellenstruktur, sondern werden durch das Implementieren neuer Link-Tabellen abgebildet. Idealerweise kann eine reine Einfüge-Strategie bei der Beladung durch den ETL-Prozess verfolgt werden, wobei das Gültigkeitsdatum in

Link-Tabellen und Satellit-Tabellen implizit gesetzt wird. Zudem lässt sich die Parallelisierung im ETL-Prozess leicht umsetzen. Wichtig ist nur, dass die Ladereihenfolge 1. Hub-Tabellen, 2. Link-Tabellen und 3. Satellit-Tabellen eingehalten wird. Durch die Modellstandards erfolgt außerdem eine implizite Historisierung der Daten.

Nachteilig ist, dass Mehraufwände bei der ersten Implementierung durch sehr viele kleine Tabellen entstehen. Weiterhin werden viele Audit-Informationen vorgehalten, welche das Datenmodell aufblähen.

Häufig muss das Modell nach einiger Zeit einem Redesign unterzogen werden, um neu entstandene Satellit- und Link-Tabellen in das Modell zu integrieren und die Anzahl der insgesamt benötigten Tabellen überschaubar zu halten.

## 3.8 Analytische Basistabellen (Schema on read)

Bei analytischen Fragestellungen kann es ausreichend sein, den Nutzerinnen und Nutzern die Daten aus dem Quellsystem ohne eine durchdachte analytische Datenmodellierung zur Verfügung zu stellen (siehe Abb. 3.41). Dies kann dann der Fall sein, wenn entsprechendes Wissen und ein passendes Toolset für die Analyse zur Verfügung steht. Auch wenn die analytischen Fragestellungen sehr volatil bzw. explorativ sind, kann es sinnvoll sein, auf eine aufwendige Datenmodellierung zu verzichten, die die Analysefreiheit einschränkt.

Dieses Vorgehen wird auch als Schema-on-Read-Ansatz bezeichnet (vgl. Abschn. 3.1).

In diesem Sinne würden die Tabellen aus dem Beispielmodell des Sportvereins (vgl. Abb. 3.5) nahezu unverändert in das Analysesystem übernommen werden.

Es kann hier sinnvoll sein, für jede Tabelle ein weiteres Attribut mit einem Zeitstempel einzuführen, um das Ladedatum zu dokumentieren, so wie in Abb. 3.42 beispielhaft für die Tabelle *T-Mitglied* dargestellt.

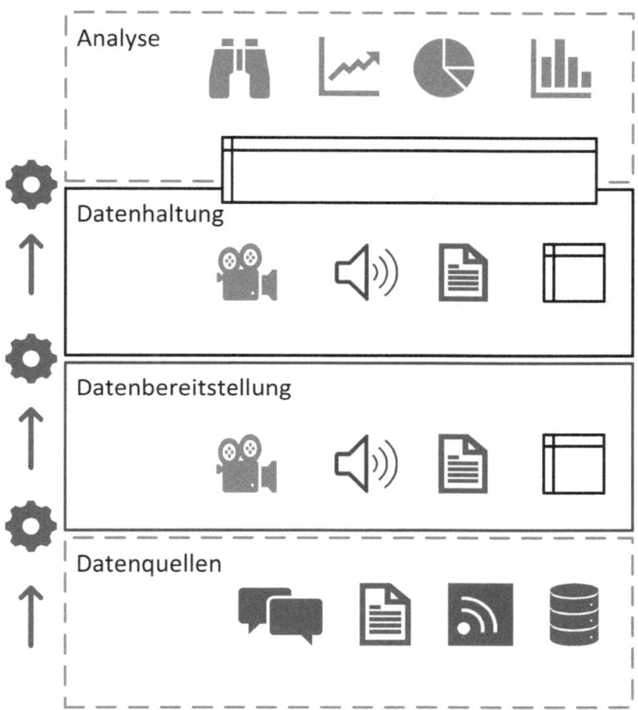


**Abb. 3.41** Analysesystem mit einer nach Data Frame modellierten Datenhaltung

**Abb. 3.42** Tabelle T-Mitglied mit Ladedatum

| T-Mitglied |
|---|
| Mitglied-ID (PS) |
| Art-ID (FS) |
| Name |
| Geb. Datum |
| Ladedatum |

**Abb. 3.43** Beispiel für eine analytische Basistabelle

| Vereinsdaten |
|---|
| Mitglied-ID |
| Name |
| Geb. Datum |
| Sportart-ID |
| Sportart |
| Monatsbeitrag |
| Aktiv-von |
| Aktiv-bis |
| Art-ID |
| Mitglied-Art |
| Beitragssatz |

Werden die Tabellen des Quellsystems nahezu oder vollständig unverändert in das Analysesystem übernommen, so gelten auch die Beziehungen der Tabellen untereinander weiterhin so wie im Quellsystem.

Ein weiterer Ansatz kann es sein, eine einzige Tabelle für die Analyse aufzubauen, welche alle relevanten Attribute enthält (vgl. Abb. 3.43). Ein solches Modell ist erforderlich, wenn die Daten von Algorithmen, etwa des **maschinellen Lernens**, verarbeitet werden sollen. Für das menschliche Verständnis oder die wiederholte Befüllung mit Daten ist dieses Datenmodell hingegen eher ungeeignet.

In der Praxis stößt dieser Ansatz aufgrund zu großer Datenmengen häufig an seine Grenzen. Demnach sollte hier immer angestrebt werden, sowohl die Anzahl der Attribute (vertikaler Filter) als auch die Anzahl der Zeilen (horizontaler Filter) auf das notwendige Maß zu reduzieren. Dabei kommt es auf die konkrete analytische Fragestellung an, um hier sinnvoll Merkmale aus dem Quellsystem auszuschließen, vgl. auch Abschn. 5.3. Bei der Reduktion der Zeilen können die in Abschn. 2.3 Datenextraktion beschriebenen Verfahren verwendet werden, um entsprechende Stichproben aus den Quelldaten zu ziehen. Alternativ können ggf. Datenaggregationen durchgeführt werden (vgl. Abschn. 4.2).

## Literatur

**The Data Warehouse Toolkit: The Definitive Guide to Dimensional Modeling, 3rd Edition Paperback – 21 Jun. 2013**. English edition by Ralph Kimball (Author), Margy Ross (Author)

Daten Architekturen (2025) James Serra O'Reilly ISBN 978-3-96009-254-4 James Martin Information Engineering 1989

Data Warehouse Blueprints, Dani Schnider, Claus Jordan, Peter Welker, Joachim Wehner. 2016 Carl Hanser Verlag München ISBN 978-3-446-450-75-2

Modeling the Agile Datawarehouse with Data Vault, Hans Hultgren 2012 ISBN 978-0615723082

Handbuch Data Engineering, Joe Reus & Matt Housley 2023, ISBN 978-3-96009-216-2

Daniel Linstedt, Michael Olschimke, Building a Scalable Data Warehouse with Data Vault 2.0, Verlag: William Andrew Publishing ISBN: 978-0-12-802510-9

***Managing the Data-base Environment*** James Martin 1983, ISBN 978-0135505823.

Corporate Information Factory, W H Inmon, Claudia Imhoff, Ryan Sousa 1997, ISBN: 978-0471197331

# Allgemeine Datenvorbereitung 4

In diesem Kapitel werden die allgemeinen Schritte der Datenvorbereitung gebündelt, die unabhängig von einer individuellen Fragestellung eine wiederverwendbare Basis für Analysen bilden. Dabei werden die Integration heterogener Tabellen (horizontal wie vertikal), die Aggregation und Disaggregation von Daten, die Anonymisierung zum Schutz sensibler Informationen sowie die systematische Sicherung der Datenqualität als wichtige Schritte dargestellt.

## 4.1 Datenintegration

Die Aufgaben der **Datenintegration** folgen denen der **Schemaintegration**, also der Festlegung eines Zieldatenmodells, wie es in Kap. 3 beschrieben wurde. Ist es das Ziel, mehrere Tabellen zusammenzuführen, stehen die in Abb. 4.1 dargestellten Möglichkeiten zur Verfügung, deren gewählten Bezeichnungen an die Datenbanksprache **SQL** angelehnt sind, welche in diesem Kontext sehr häufig verwendet wird.

Als Ausgangslage sind in dem Beispiel zwei Tabellen gegeben, sie enthalten jeweils ein Merkmal *Mitglied-ID*, über das eine Verbindung zwischen ihnen ermöglicht. Allerdings können darüber nicht sämtliche Datensätze miteinander verbunden werden: Der erste Datensatz der Tabelle *Mitglied* und der zweite Datensatz der



S. Gerlach, M. Schulz, *Analytische Datenmodellierung und -bereitstellung*, IT kompakt,
https://doi.org/10.1007/978-3-658-51424-2_4

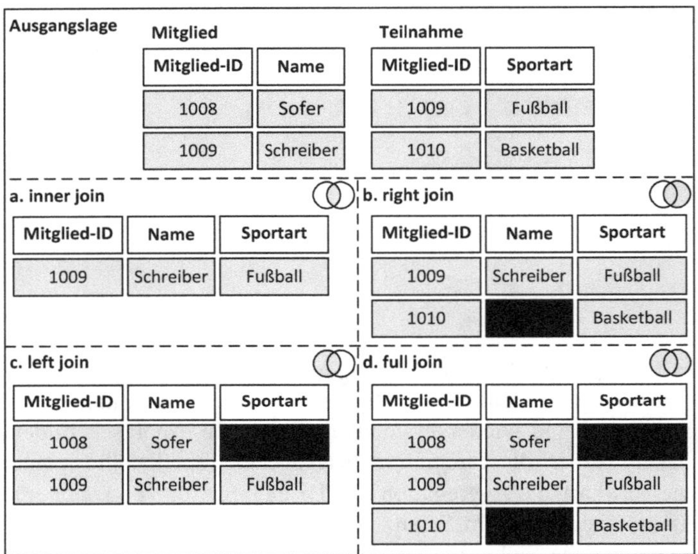


**Abb. 4.1** Möglichkeiten der horizontalen Integration von Tabellen

Tabelle *Teilnahme* haben keine entsprechende Referenz in der jeweils anderen Tabelle. Daher liefert ein **inner join** (a.) über diese beiden Tabellen nur einen Datensatz. Bei einem **right join** (b.) werden alle Datensätze der auf der rechten Seite positionierten Tabelle in das Ergebnis aufgenommen und dort, wo in der links positionierten Tabelle eine Entsprechung existiert, wird diese zugeordnet. Dort, wo dagegen in der linken Tabelle keine Entsprechung existiert, wird für das Merkmal bzw. für die Merkmale ein Platzhalter, ein sogenannter **NULL-Wert** (hier dargestellt durch eine Schwärzung der betroffenen Felder), eingefügt, der das Fehlen eines Wertes symbolisiert. Dieser muss im Zuge der Datenbereinigung ggf. durch einen sinnvolleren Wert ersetzt werden (vgl. Abschn. 4.4).

Der **left join** (c.) funktioniert äquivalent zu dem **right join**, mit dem Unterschied, dass die links und die rechts positionierte Tabelle ihre Rollen tauschen. Der **full join** (d.) vereint die Merkmale des **right join** und des **left join**.

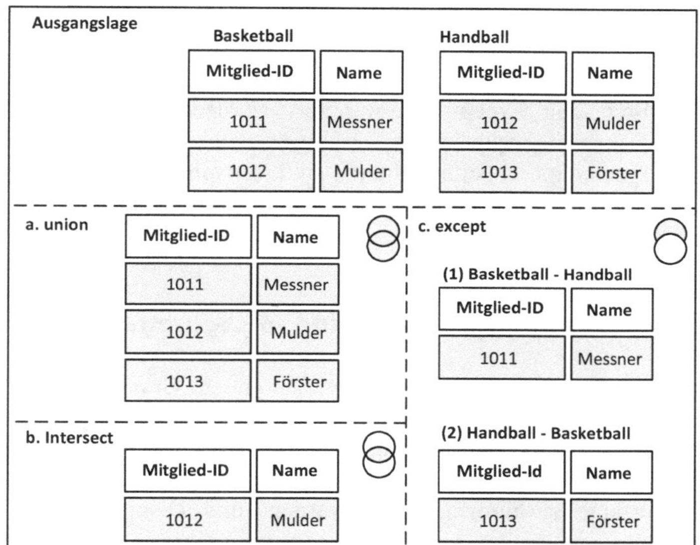


**Abb. 4.2** Möglichkeiten der vertikalen Integration von Tabellen

Die bisher dargestellten Operatoren verbinden Tabellen horizontal. Es existieren aber auch Operatoren, die eine vertikale Verbindung zulassen (vgl. Abb. 4.2). Dafür ist es nötig, dass die betrachteten Tabellen **vereinigungskonform** sind, d. h. sie müssen die gleiche Anzahl von Merkmalen besitzen, die Merkmale müssen zudem vom gleichen Datentyp (vgl. Abschn. 2.1) sein. Diese Vorbedingung ist in dem Beispiel aus Abb. 4.1 zwar gegeben, allerdings wäre es fachlich nicht sinnvoll, Werte aus den Merkmalen *Name* und *Sportart* vertikal zusammenzuführen. Aus diesem Grund wird in Abb. 4.2 ein anderes Beispiel genutzt: Dargestellt sind zwei Tabellen, eine mit allen Mitgliedern, die am Basketballtraining teilnehmen, und eine mit allen Mitgliedern, die am Handballtraining teilnehmen. Über den Operator **union** (a.) wird in dem Beispiel eine Liste sämtlicher Mitglieder erstellt, die entweder Basketball oder Handball spielen. Mitglieder, die in beiden Tabellen enthalten sind, werden dabei in der Ergebnismenge nur einmal aufgeführt. Die Herstellung der Schnittmenge der zwei Tabellen wird durch das Beispiel b. (**intersect**) dargestellt. Fachlich werden hier Mitglieder dargestellt, die Basketball und Handball spielen.

Durch den **except**-Operator (c.) werden nur diejenigen Datensätze angezeigt, die in der erstgenannten, nicht aber in der zweitgenannten Tabelle enthalten sind. Entsprechend entstehen zwei unterschiedliche Ergebnisse – abhängig von der Tabellenreihenfolge.

## 4.2 Datenaggregation und -disaggregation

Daten können in ihrem Ursprung eine andere Granularität besitzen als für die Analyse benötigt, in diesem Fall ist zunächst ein geeignetes Niveau herzustellen. Dabei unterscheidet man grundsätzlich zwischen **Aggregation,** bei der Inhalte mehrerer Datensätze zusammengeführt werden, und **Disaggregation**, bei der aus einem Ursprungsdatensatz mehrere Datensätze abgeleitet werden. Typische Aggregationsfunktionen sind **Summe**, **Durchschnitt**, **Anzahl**, **Minimum** und **Maximum**. Die **Disaggregation** ist hingegen häufig komplexer und problematisch, da eine Detaillierung nicht immer verlustfrei möglich ist. Speichert der *SC Sonnenfeld* beispielsweise nur die jährlich entstehenden Gesamtkosten seiner Volleyballabteilung, lässt sich daraus nicht fehlerfrei ableiten, welcher Anteil auf Sportgeräte, Hallenmiete oder Personal entfällt.

Abb. 4.3 ist ein einfaches Beispiel zur **Aggregation** und **Disaggregation** zu entnehmen. Die *Beitragsordnung* des Vereins enthält die festgelegten Jahresbeiträge für die beiden Mitgliedsarten, während der *Kontoauszug* die monatlichen Zahlungseingänge erfasst. Existiert nun eine Analyseanforderung, bei der auf der Detailebene eines Quartals überprüft werden soll, ob die eingegangenen Geldbeträge den geforderten Geldbeträgen entsprechen, müssen die Jahresbeiträge aus der Beitragsordnung zunächst auf Quartale disaggregiert und die monatlichen Buchungen aus dem Kontoauszug auf Quartale aggregiert werden.

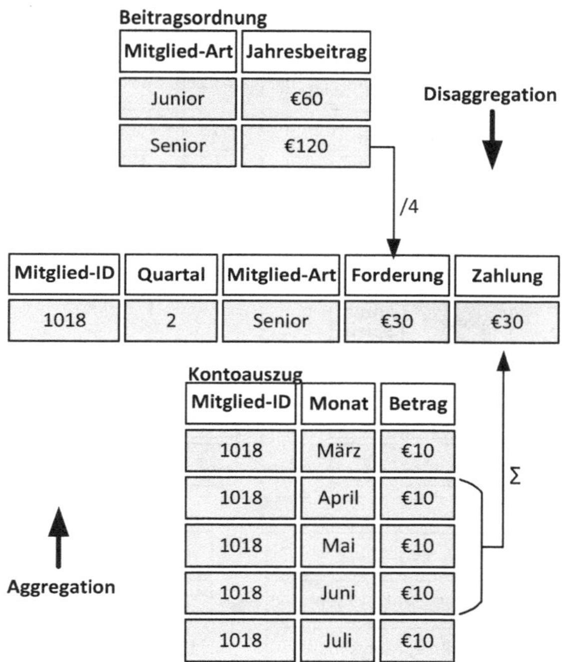


**Abb. 4.3** Beispiel für Datenaggregation und -disaggregation

## 4.3 Datenanonymisierung

Manche Daten sind so sensibel, dass sie nicht ohne Weiteres in ihrer ursprünglichen Form ausgewertet werden dürfen oder sollten, sie müssen einen **Anonymisierungsprozess** durchlaufen. Häufig betrifft dies personenbezogene Informationen, es kann sich aber beispielsweise auch um organisationskritische Daten handeln, die nicht in die Hände Unbefugter gelangen dürfen.

Abb. 4.4 zeigt einige gängige **Anonymisierungsverfahren**. Bei der **Unterdrückung** (a.) werden Spalten, die Rückschlüsse auf einzelne Fälle erlauben, entfernt; im Beispiel entfällt die Spalte *Name*. Die **Aggregation** (b.) fasst mehrere Datensätze

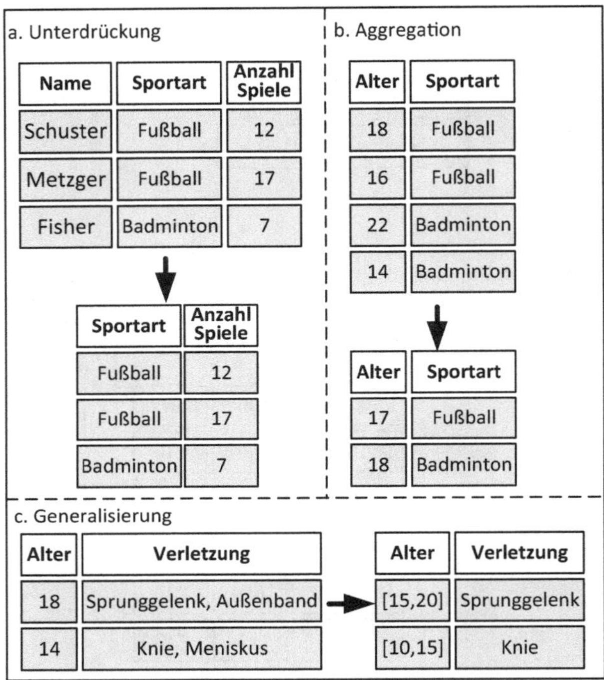


**Abb. 4.4** Beispiele für Methoden der Anonymisierung, in Anlehnung an: Personal Data Protection Commission Singapore (2018)

zusammen (vgl. auch Abschn. 4.2): Nach der **Anonymisierung** sind die Daten im Beispiel nach *Sportart* gruppiert, das *Alter* wird als Durchschnittswert pro Gruppe dargestellt. Bei der **Generalisierung** (c.) wird die Detailtiefe der Ausgangsdaten verringert, indem etwa exakte Altersangaben durch Altersintervalle ersetzt und spezifische Verletzungen zu übergeordneten Kategorien zusammengeführt werden.

Die meisten Anonymisierungsverfahren lassen sich nicht rückgängig machen. Erfordert ein Analyseprojekt jedoch einen späteren Zugriff auf die Ursprungsdaten, kommt die **Pseudonymisierung** als besondere Variante der Anonymisierung zum Einsatz.

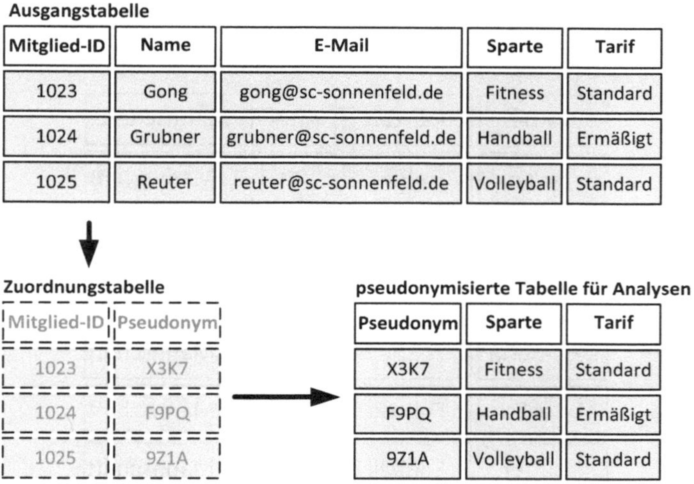

**Ausgangstabelle**

| Mitglied-ID | Name | E-Mail | Sparte | Tarif |
|---|---|---|---|---|
| 1023 | Gong | gong@sc-sonnenfeld.de | Fitness | Standard |
| 1024 | Grubner | grubner@sc-sonnenfeld.de | Handball | Ermäßigt |
| 1025 | Reuter | reuter@sc-sonnenfeld.de | Volleyball | Standard |

**Zuordnungstabelle**

| Mitglied-ID | Pseudonym |
|---|---|
| 1023 | X3K7 |
| 1024 | F9PQ |
| 1025 | 9Z1A |

**pseudonymisierte Tabelle für Analysen**

| Pseudonym | Sparte | Tarif |
|---|---|---|
| X3K7 | Fitness | Standard |
| F9PQ | Handball | Ermäßigt |
| 9Z1A | Volleyball | Standard |

**Abb. 4.5** Beispiel für die Durchführung einer Pseudonymisierung

Dabei werden die Originalwerte durch **Pseudonyme** ersetzt, während eine separate Zuordnungstabelle die Verknüpfung zwischen Pseudonym und Ausgangsdaten sichert. So ist eine Wiederherstellung der Originaldaten bei Bedarf möglich (vgl. Abb. 4.5).

Die **Anonymisierung** von Daten kann alles andere als trivial sein und muss mit größter Sorgfalt erfolgen. Selbst scheinbar unverfängliche Merkmale können – etwa durch spezielle Analysen, Filterungen, die Anreicherung mit Daten aus anderen Quellen oder domänenspezifische Expertise – Rückschlüsse auf zumindest Teile der Ursprungsdaten ermöglichen: Die in Abb. 4.6 dargestellte Tabelle soll für die Analyse vorbereitet werden. Naheliegend wäre es zunächst, die Spalte *Name* durch eine Unterdrückung zu entfernen. Eine genauere Betrachtung des Beispiels zeigt jedoch, dass einzelne Datensätze auch danach noch individuellen Personen zugeordnet werden können – etwa existiert nur eine einzige 22-jährige Person, die in der ersten Fußballmannschaft spielt. Erst durch die Verwendung eines zusätzlichen Verfahrens, beispielsweise durch das Zusammenführen des *Alters* zu

Anonymisierung

| Name | Sportart | Alter | Mannschaft |
|---|---|---|---|
| Bergmann | Fußball | 22 | 1. Mannschaft |
| Ziegler | Fußball | 24 | 2. Mannschaft |
| Kürschner | Fußball | 22 | 2. Mannschaft |
| Kämmerer | Fußball | 24 | 1. Mannschaft |
| Demirci | Fußball | 24 | 2. Mannschaft |
| Stricker | Fußball | 24 | 1. Mannschaft |

**Abb. 4.6** Beispiel für eine ungeeignete Anonymisierung

Altersklassen, lässt sich eine wirklich anonymisierte Datenbasis erstellen. Eine alternative Möglichkeit zur Sicherstellung, dass Daten nicht auf individuelle Personen zurückzuführen sind, ist die Erstellung von synthetischen Daten (vgl. Abschn. 2.4).

## 4.4 Datenqualität

Nur mit gesicherter **Datenqualität** lassen sich verlässliche Ergebnisse erzielen. Basieren Auswertungen auf Daten mit schlechter Qualität, ist das gesamte Analysevorhaben in Frage zu stellen: Es können z. B. vermeintliche Muster entdeckt werden, die relevant erscheinen und strategische Entscheidungen nach sich ziehen, in Wahrheit jedoch bloß Artefakte schlechter Daten sind. So könnte der *SC Sonnenfeld* etwa eine Abteilung schließen, weil die Datenbasis eine zu geringe Mitgliederzahl vermuten lässt – dabei wurden die Teilnahmezahlen lediglich falsch erfasst.

Zur Sicherstellung ausreichender Datenqualität muss daher eine **Datenbereinigung** (auch **Data Cleansing**) durchgeführt werden. Ziel der Bereinigung ist es dabei typischerweise nicht, sämtliche Datenfehler zu entfernen – das wäre unverhältnismäßig teuer und zeitaufwendig –, sondern gezielt jene zu fokussieren, die nachfolgende Analysen verfälschen würden. Die Einschätzung dieser Bereinigungsrelevanz ist jedoch oft eine große Herausforderung. Auch der erforderliche Aufwand kann sehr hoch sein. Mitunter ist er so hoch, dass sich eine Bereinigung nur lohnt, wenn der Fehler großen Einfluss auf das Analyseergebnis hat. Andere Bereinigungen verursachen dagegen einen so geringen Aufwand, dass deren Relevanz kaum zu hinterfragen ist.

Idealerweise lassen sich Fehler automatisch bei der Ausführung definierter Transformationsprozesse (vgl. Abschn. 3.1) erkennen; falls nicht, bleibt die manuelle Suche. Die Identifikation einiger Fehlertypen ist jedoch (fast) unmöglich. Entsprechend verhält es sich mit der Datenkorrektur. Automatisch identifizierbare Fehler können im Idealfall auch automatisch bereinigt werden.

In Abb. 4.7 wird versucht, unterschiedliche Arten der Datenbereinigung zu kategorisieren und mit Beispielen greifbar zu machen. Sie unterscheidet zwei Dimensionen: Die Identifikation von Fehlern, die automatisch bzw. manuell vonstattengeht oder auch kaum möglich ist und die sich anschließende Bereinigung von Daten, die nach den gleichen Merkmalen kategorisiert ist.

Die dargestellten Beispiele beziehen sich auf die Frauenfußball-Amateurmannschaft des *SC Sonnenfeld*. Grundsätzlich gilt: Datenqualitätsprobleme sollten – wo immer möglich – automatisiert erkannt und, falls technisch machbar, auch automatisiert bereinigt werden. So lassen sich etwa unterschiedliche Schreibweisen von *Telefonnummern* der Spielerinnen (*0123/456789* gegenüber *+49 123 456789*) zuverlässig identifizieren und mit wenigen, klaren Normalisierungsregeln vereinheitlichen (a.).

Automatisch identifiziert werden kann auch, wenn im Spielbericht eine *Torschützin* geführt wird, die in der Tabelle der spielberechtigten Personen nicht enthalten ist (b.). Wer das Tor tatsächlich erzielt hat, lässt sich jedoch nur manuell durch Personen klären, die beim Spiel anwesend waren. Fehlende Werte, z. B. nicht erfasste gelbe Karten, können zwar ebenfalls problemlos automatisiert erkannt werden (c.), eine inhaltliche Rekonstruktion ist bei weit zurückliegenden Partien aber meist nicht mehr möglich.

| Identifikation \ Bereinigung | automatisch | manuell | kaum möglich |
|---|---|---|---|
| automatisch | a. Telefonnummern wurden im unterschiedlichem Format angegeben. | b. Im Spielbericht wurde die Trainerin fälschlich als Torschützin erfasst. | c. Bei lange zurückliegenden Spielen fehlen die Angaben zu gelben Karten, weil diese damals nicht dokumentiert wurden. |
| manuell | d. Zuschauerzahl wird bei vergangenem Spiel zu gering angezeigt, da der Ladeprozess nicht korrekt ausgeführt wurde. | e. Falsches gegnerisches Team in Bericht zu vergangener Partie erfasst. | f. Bei einer ehemaligen Spielerin wurde versehentlich „Schmidt" als Vor- und Nachname gespeichert. |
| kaum möglich | g. Bei einigen Mitgliedsadressen ist eine falsche Postleitzahl hinterlegt. | h. Bei einem älteren Spiel ist ein falscher Schiedsrichtername gespeichert, die korrekten Daten liegen in Papierform vor. | i. Bei einem vergangenen Spiel ist eine plausible, aber falsche Zahl an Eckbällen hinterlegt. |

**Abb. 4.7** Beispiele verschiedener Kategorien der Datenbereinigung.

Manche Auffälligkeiten zeigen sich nur bei einer fachlichen Sichtprüfung: Ist etwa die im Analysesystem hinterlegte *Zuschauerzahl* für das letzte Heimspiel ungewöhnlich niedrig, liegt die Ursache möglicherweise in einem fehlerhaft oder zu früh ausgeführten Ladeprozess; durch eine erneute, korrekte Ausführung lässt sich der Wert automatisiert korrigieren (d.). Anders verhält es sich, wenn beim letzten Spieltag ein falsches gegnerisches Team hinterlegt wurde (e.): Ist der Fehler auch in der Quelle vorhanden, sind Identifikation und Korrektur nur manuell und mit Domänenwissen möglich. Ist bei einer ehemaligen Spielerin *Schmidt* sowohl als Vor- als auch als Nachname gespeichert und erinnert sich niemand mehr an diese Person, lässt sich dieser Fehler kaum noch korrigieren (f.).

Kaum zu identifizieren ist beispielsweise eine falsch hinterlegte *Postleitzahl* bei einer Mitgliedsadresse (g.). Mit einer gepflegten Stammdatentabelle, die alle relevanten Postleitzahl-Ort-Zuordnungen umfasst, lässt sich ein solcher Fehler jedoch automatisiert korrigieren. Ist bei einem zurückliegenden Spiel ein falscher *Schiedsrichtername* vermerkt, ist die automatische Identifikation ebenfalls kaum möglich; eine Korrektur gelingt nur, wenn die korrekten Daten etwa als Spielbogen in Papierform vorliegen (h.).

Schließlich gibt es Fälle, in denen sowohl die Identifikation als auch die Bereinigung praktisch ausscheiden – etwa, wenn für ein vergangenes Spiel eine plausible, tatsächlich aber falsche Zahl an Eckbällen erfasst wurde (i.).

Auf den ersten Blick mag es erstaunen, dass die Datenqualität in Analysesystemen überhaupt ein zentrales Problem darstellt. Schließlich stammen die meisten Daten üblicherweise aus internen, operativen Systemen, die auch für die Unterstützung operativer Prozesse eine hohe Qualität erfordern. Doch die Anforderungen unterscheiden sich: Während operative Anwendungen meist nur mit wenigen Einzeldatensätzen arbeiten, verarbeiten Analysesysteme große Datenmengen, die häufig in automatisierten Schritten verdichtet werden (vgl. Abschn. 4.2). Das gelingt nur, wenn alle Daten in einem konsistenten Format vorliegen. Zum Beispiel ist es bei einer manuellen Sichtung für eine operative Fragestellung unerheblich, ob eine Trainingsdauer als *90* (gemeint sind Minuten) oder als *1:30* (gemeint sind Stunden und Minuten) hinterlegt ist. Soll in einem Analysesystem jedoch automatisiert die durchschnittliche Trainingszeit berechnet werden, stellen die unterschiedlichen Formate ein Problem dar.

Auch bei ursprünglich hoher Datenqualität lässt diese im Zeitverlauf oft nach – Daten altern. Zieht beispielsweise ein Vereinsmitglied um, ohne seine neue Adresse zu melden, verliert die gespeicherte Information sofort an Wert.

Datenqualitätsprobleme sollten möglichst in der Quelle und nicht erst im nachgelagerten Analysesystem behoben werden, andernfalls entstehen unnötig komplexe Aufbereitungsschritte. Bei der Verarbeitung externer Datenquellen lässt sich die Qualität im Entstehungsprozess meist jedoch nicht beeinflussen.

Neben Datenqualitätsproblemen, deren Ursache in den Datenquellen zu verorten ist, gibt es auch solche, die erst im Zuge der Datenaufbereitung entstehen, etwa weil technische Fehler gemacht werden oder weil fachliche Zusammenhänge von den Entwicklerinnen und Entwicklern der Transformationsprozesse falsch verstanden werden. Auch analysierende Personen können bei der Anwendung der Daten ggf. Fehler machen, da ihnen die Herkunft bzw. der Aufbereitungsprozess unklar ist oder die Daten nicht geeignet sind, die aktuellen Fragestellungen zu adressieren. In diesem Fall besteht nicht zwingend ein unmittelbares Datenqualitätsproblem, sondern vielmehr ein Problem auf Seiten der Schulung analysierender Personen und ihrer geeigneten Informationsversorgung.

Eine vollständige Auflistung sämtlicher potenzieller Datenqualitätsprobleme und der dazugehörigen Bereinigungsverfahren ist nicht möglich, da ihre Relevanz stets vom jeweiligen Kontext abhängt. Es existieren jedoch einige Herausforderungen, die sehr häufig auftreten, von denen drei nachfolgend beschrieben werden: Fehlende Werte, Anomalien und Datenintegrationsprobleme.

## Fehlende Werte

Häufig sind Datenbasen unvollständig, vereinzelt fehlen Werte. Der Grund für das Fehlen kann unterschiedlich sein, häufig werden vier Fälle unterschieden. Abb. 4.8 ist zunächst, als Ausgangslage, eine vollständige Datenlieferung zu entnehmen. Dargestellt werden Mitglieder des *SC Sonnenfeld* und eine dokumentierte Anzahl von ihnen innerhalb einer Woche gelaufener Kilometer.

In a. wird ein rein zufälliges Fehlen von Werten, das nicht von anderen Variablen der Tabelle abhängt, dargestellt. Angenommen die abgebildete Tabelle wurde von den Mitgliedern auf dem Sportplatz mit Stift und Papier ausgefüllt. Dabei hat es leicht geregnet, sodass der Eintrag von Weber bei der Übertragung der Daten nicht mehr lesbar war. Im zweiten Szenario (b.) hängt das Fehlen mit einem Merkmal zusammen, das nicht erhoben wurde. Die Do-

**Ausgangslage**

| Name | Alter | Kilometer |
|---|---|---|
| Vogt | 22 | 25 |
| Küster | 24 | 7 |
| Weber | 48 | 23 |
| Krämer | 22 | 27 |
| Saffar | 45 | 5 |

**a. zufällig**

| Name | Alter | Kilometer |
|---|---|---|
| Vogt | 22 | 25 |
| Küster | 24 | 7 |
| Weber | 48 | |
| Krämer | 22 | 27 |
| Saffar | 45 | 5 |

**b. abhängig von unbekanntem Merkmal**

| Sportart | Name | Alter | Kilometer |
|---|---|---|---|
| Fußball | Vogt | 22 | |
| Sprint | Küster | 24 | 7 |
| Marathon | Weber | 48 | 23 |
| Basketball | Krämer | 22 | |
| Walking | Saffar | 45 | 5 |

**c. abhängig von anderem Merkmal der Datenbasis**

| Name | Alter | Kilometer |
|---|---|---|
| Vogt | 22 | 25 |
| Küster | 24 | 7 |
| Weber | 48 | |
| Krämer | 22 | 27 |
| Saffar | 45 | |

**d. abhängig vom betroffenen Merkmal**

| Name | Alter | Kilometer |
|---|---|---|
| Vogt | 22 | 25 |
| Küster | 24 | |
| Weber | 48 | 23 |
| Krämer | 22 | 27 |
| Saffar | 45 | |

**Abb. 4.8** Gründe für das Auftreten fehlender Werte

kumentation zurückgelegter Kilometer ist nur für Laufsportarten relevant; in anderen Sportarten wie *Fußball* oder *Basketball* wird sie nicht erfasst.

Im Fall c. hängt das Fehlen nicht direkt mit dem Merkmal zusammen, bei dem es aufgetreten ist, jedoch mit einem anderen Merkmal der Datenbasis. Die Eintragungen könnten in diesem Fall nicht mithilfe von Stift und Papier entstanden sein, sondern mit einer mobilen App. Diese wird von jüngeren Mitgliedern des Vereins besser angenommen als von älteren. Das Fehlen der Werte hängt also mit dem Merkmal *Alter* zusammen.

Im letzten Fall, dargestellt in d., hängt das Fehlen direkt mit dem Attribut zusammen, bei dem es aufgetreten ist. Im dargestellten Beispiel könnte es den beiden Mitgliedern *Küster* und *Saffar* unangenehm gewesen sein, dass sie in der letzten Woche weniger als zehn Kilometer gelaufen sind, weshalb sie auf eine Eintragung verzichtet haben.

Für den Umgang mit fehlenden Werten gibt es verschiedene Möglichkeiten, dargestellt in Abb. 4.9. Die Auswahl des Verfahrens muss individuell nach einer Prüfung der Gründe für das Fehlen und ggf. auch unter Berücksichtigung der adressierten Analysefragestellungen erfolgen. Auch der Umfang

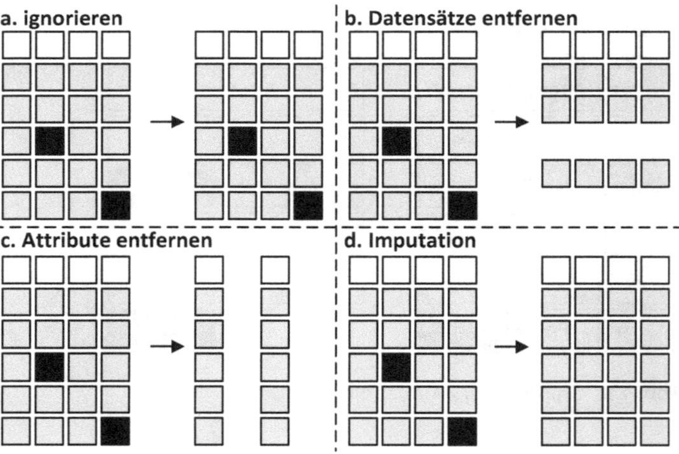


**Abb. 4.9** Umgang mit fehlenden Werten

fehlender Werte ist dabei zu berücksichtigen. Im einfachsten Fall (a.) wird das Fehlen von Werten ignoriert. Eine weitere Möglichkeit besteht darin, die betroffenen Daten zu löschen: entweder ganze Datensätze (b.) oder ganze Attribute (c.) mit fehlenden Werten.

Auch existiert eine Vielzahl an Verfahren, durch die fehlende Werte ersetzt werden können (Abb. 4.9d.), man spricht von einer **Imputation**. Ein einfaches Beispiel dafür ist Abb. 4.10 zu entnehmen. In der Tabelle werden die *Mitglieder*, ihre ausgeübte *Sportart* und die *Kilometer*, die sie im wöchentlichen Durchschnitt absolvieren, dargestellt. Eine einfache **Mittelwert-Imputation**, also eine Berechnung des Mittelwertes der vorhandenen Daten, ergibt einen Wert von *30 Kilometern*. Da der fehlende Wert jedoch einer Person zugehörig ist, die an der Marathongruppe teilnimmt, kann ein leicht komplexeres Verfahren zu einem wahrscheinlich realistischeren Wert führen: Durch eine Filterung der Daten auf Personen, die ebenfalls der Marathongruppe zugeordnet sind und einer anschließenden Mittelwertbildung, ergibt sich ein Wert von *50 Kilometern*.

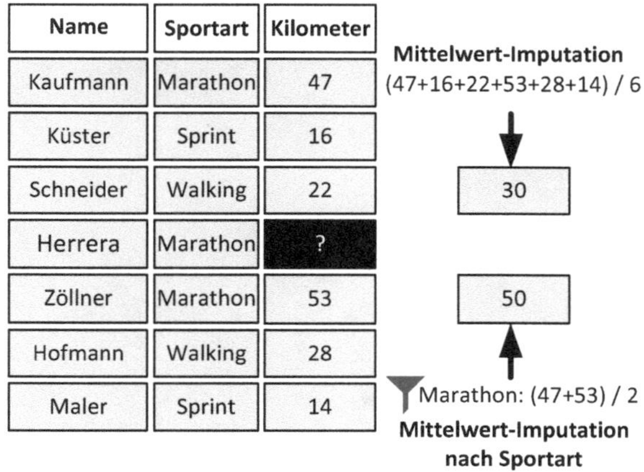


**Abb. 4.10** Beispiel für die Imputation eines Wertes

## Anomalien

Einige Datenpunkte einer Datenstruktur können ggf. deutlich von anderen abweichen. Dies kann einerseits ein interessantes Muster für die Analyse sein, häufig handelt es sich aber um Datenfehler, sogenannte **Anomalien** oder **Ausreißer**. Abb. 4.11 visualisiert beispielhaft die durchschnittlich von Mitgliedern durchgeführten *Trainingsstunden in der Woche*, gegenübergestellt einem *Leistungsindex* (je höher, desto besser), zudem ist die Zuordnung zur *ersten*, *zweiten* oder *dritten Handballmannschaft* visualisiert. Der markierte Punkt ist dabei auffällig, es handelt sich um eine Person, die wenig trainiert, in der *dritten Mannschaft* aktiv ist und dennoch hohe Leistungswerte erreicht hat. Da ein Ausnahmetalent wahrscheinlich schon im Training aufgefallen wäre und die Person in eine höhere Mannschaft aufgenommen worden wäre, handelt es sich vermutlich um einen Datenfehler, der, wie bereits im Zusammenhang mit fehlenden Werten beschrieben, entweder ignoriert, gelöscht oder ersetzt werden kann.

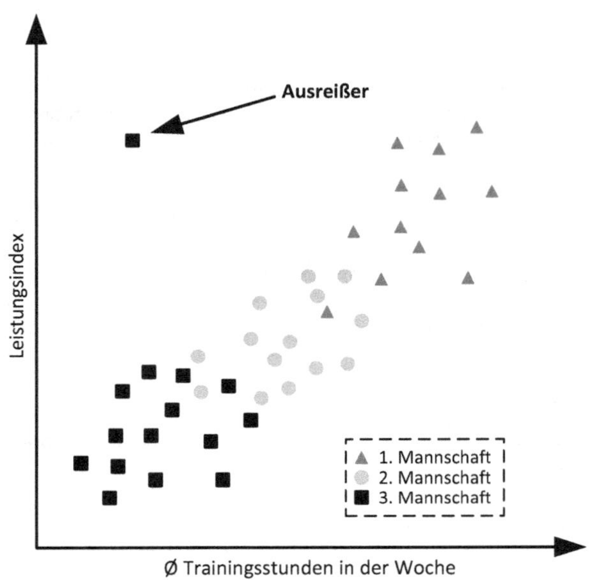


**Abb. 4.11** Beispiel für einen Ausreißer

Auch zur Identifikation von **Ausreißern** existieren sehr einfache Verfahren, es können z. B. Maximal- und Minimalwerte betrachtet und ggf. eliminiert werden – liegt das Geburtsdatum eines aktiven Vereinsmitglieds laut Datenbasis im 19. Jahrhundert, ist dies ein leicht identifizierbarer Ausreißer. Das in Abb. 4.11 dargestellte Beispiel zeigt aber, dass **Anomalien** teilweise erst dann erkennbar sind, wenn mehrere Attribute in Kombination in die Betrachtung einfließen. In einem solchen Fall sind komplexere Verfahren anzuwenden.

## Datenintegrationsproblem

Meist werden in einem Analysesystem verschiedene Datenquellen integriert (vgl. Abschn. 4.1), dabei kann es aufgrund schlechter Datenqualität zu Problemen kommen. Abb. 4.12 zeigt hierfür ein Beispiel: Betrachtet werden zwei Systeme, die beide Informationen zu den Mitgliedern des *SC Sonnenfeld* enthalten. Der erste Datensatz weist jeweils Informationen zu einem Mitglied mit der *Mitglied-ID 1019* auf. Der dieser Nummer hinter-

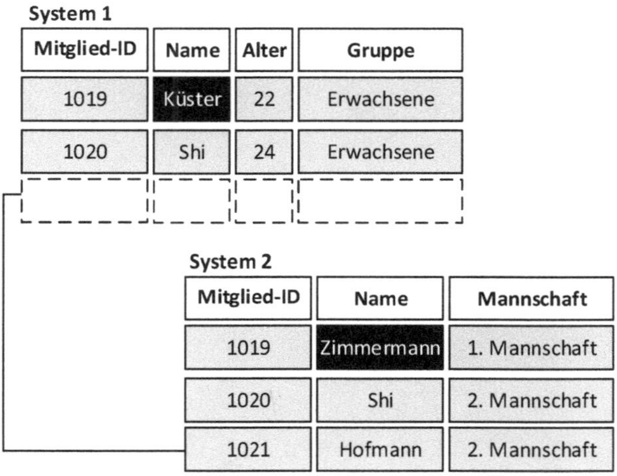

**System 1**

| Mitglied-ID | Name | Alter | Gruppe |
|---|---|---|---|
| 1019 | Küster | 22 | Erwachsene |
| 1020 | Shi | 24 | Erwachsene |
| | | | |

**System 2**

| Mitglied-ID | Name | Mannschaft |
|---|---|---|
| 1019 | Zimmermann | 1. Mannschaft |
| 1020 | Shi | 2. Mannschaft |
| 1021 | Hofmann | 2. Mannschaft |

**Abb. 4.12** Beispiel für Datenintegrationsprobleme

legte Name ist in den beiden Systemen jedoch nicht identisch. In System 2 ist zudem ein Datensatz enthalten, für den sich keine Übereinstimmung in System 1 findet.

Eine einfache und vollständig automatisierbare Methode, diese Datenqualitätsprobleme zu adressieren, besteht darin, ein führendes System zu definieren. Bei identifizierten Unstimmigkeiten werden die Daten aus diesem System als korrekt angenommen.

## Literatur

Personal Data Protection Commission Singapore (2018). Guide to basic data anonymization techniques, https://www.pdpc.gov.sg/-/media/Files/PDPC/PDF-Files/Other-Guides/Guide-to-Anonymisation_v1-(250118).pdf

# 5 Analysespezifische Datenvorbereitung

Die **analysespezifische Datenvorbereitung** setzt dort an, wo das Kapitel zur allgemeinen Datenvorbereitung endet. Auch wenn die Abgrenzungen nicht scharf sind, liegt der Fokus der Darstellungen hier auf der Aufbereitung für eine konkrete Fragestellung. Weil Daten dabei oft stark verändert werden – etwa verdichtet, umcodiert oder neu konstruiert –, steigt die Aussagekraft für das jeweilige Ziel, während die Wiederverwendbarkeit der Datenbasis für andere Analysen sinken kann.

Ein Schwerpunkt der Darstellungen liegt auf Kennzahlen, durch die Daten so aufbereitet werden, dass analysierende Personen sie schnell verstehen und nutzen können. Der zweite Schwerpunkt adressiert die Merkmalskonstruktion, Merkmalsauswahl und Merkmalsextraktion als Vorbereitungsschritte für die Anwendung komplexerer Analyseverfahren.

## 5.1 Kennzahlen

**Kennzahlen** dienen in erster Linie dazu, große Datenmengen so aufzubereiten, dass Menschen sie leicht verstehen und sinnvoll nutzen können. Dabei werden meist Detaildaten verdichtet. Die Merkmalskonstruktion (vgl. Abschn. 5.2) weist inhaltliche Überschneidungen auf, verfolgt jedoch ein anderes Ziel: Sie bereitet



S. Gerlach, M. Schulz, *Analytische Datenmodellierung und -bereitstellung*, IT kompakt,
https://doi.org/10.1007/978-3-658-51424-2_5

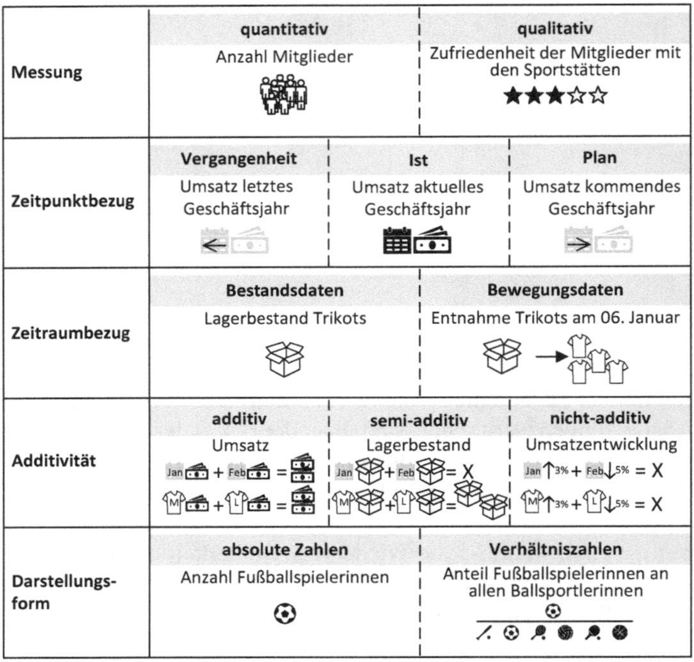

| | | | |
|---|---|---|---|
| **Messung** | **quantitativ**<br>Anzahl Mitglieder | **qualitativ**<br>Zufriedenheit der Mitglieder mit den Sportstätten | |
| **Zeitpunktbezug** | **Vergangenheit**<br>Umsatz letztes Geschäftsjahr | **Ist**<br>Umsatz aktuelles Geschäftsjahr | **Plan**<br>Umsatz kommendes Geschäftsjahr |
| **Zeitraumbezug** | **Bestandsdaten**<br>Lagerbestand Trikots | **Bewegungsdaten**<br>Entnahme Trikots am 06. Januar | |
| **Additivität** | **additiv**<br>Umsatz | **semi-additiv**<br>Lagerbestand | **nicht-additiv**<br>Umsatzentwicklung |
| **Darstellungs-form** | **absolute Zahlen**<br>Anzahl Fußballspielerinnen | **Verhältniszahlen**<br>Anteil Fußballspielerinnen an allen Ballsportlerinnen | |

**Abb. 5.1** Zentrale Eigenschaften von Kennzahlen

Daten vorwiegend für die maschinelle Verarbeitung auf, nicht für die direkte menschliche Interpretation. Im Gegensatz zu Merkmalen handelt es sich bei Kennzahlen stets um Zahlenwerte.

Abb. 5.1 stellt zentrale Eigenschaften von Kennzahlen dar, sie werden im Folgenden beschrieben.

Nach Art der **Messung** lassen sich Kennzahlen in **quantitative** und **qualitative** Größen unterscheiden. Quantitative Kennzahlen sind direkt messbar und in Zahlen ausdrückbar, beispielsweise die Anzahl der Mitglieder des *SC Sonnenfeld*. Qualitative Kennzahlen hingegen beschreiben meist subjektive Eigenschaften, die z. B. über Befragungen oder Beobachtungen erfasst und erst anschließend in Skalenwerte überführt werden. Ein Beispiel hierfür ist die Zufriedenheit der Mitglieder mit den Sportstätten, die auf einer Skala von 1 bis 5 dargestellt werden kann.

Bezüglich des **Zeitpunktbezugs** von Kennzahlen kann zwischen **Vergangenheitswerten, Ist-Werten** und **Planwerten** unterschieden werden. Vergangenheitswerte spiegeln abgeschlossene Zeiträume wider, etwa der Umsatz des *SC Sonnenfeld* im letzten Geschäftsjahr. Ist-Werte beschreiben den aktuellen Stand, wie beispielsweise der bisher erzielte Umsatz im laufenden Geschäftsjahr. Planwerte hingegen beziehen sich auf zukünftige Erwartungen oder Zielgrößen, hier wäre der geplante Umsatz für das kommende Geschäftsjahr ein passendes Beispiel.

In Bezug zu einem **Zeitraum** können Kennzahlen in **Bestands-** und **Bewegungsdaten** unterschieden werden. **Bestandsdaten** erfassen einen Zustand zu einem bestimmten Zeitpunkt, beispielsweise den aktuellen Lagerbestand an Trikots beim *SC Sonnenfeld*. Bewegungsdaten hingegen beschreiben Veränderungen innerhalb eines Zeitraums oder zu einem bestimmten Zeitpunkt, wie die Lagerentnahme von Trikots für ein Auswärtsspiel am 6. Januar.

Kennzahlenarten unterscheiden sich auch danach, ob und in welchem Umfang sie zusammengeführt werden können. Man unterscheidet zwischen (vollständig) **additiven**, **semi-additiven** und **nicht-additiven Kennzahlen**. Additive Kennzahlen können über verschiedene kategoriale Werte uneingeschränkt summiert werden. Beim *SC Sonnenfeld* gilt dies z. B. für *Umsätze*: Der *Januar-Umsatz* und der *Februar-Umsatz* lassen sich ebenso addieren wie der Umsatz mit *Trikots* der Größe *M* und der Größe *L*. Semi-additive Kennzahlen können nicht bezogen auf alle verfügbaren kategorialen Werte summiert werden. So lässt sich der *Lagerbestand* von *Trikots* in den Größen *M* und *L* zusammenrechnen, nicht jedoch die Bestände aus *Januar* und *Februar*. Nicht-additive Kennzahlen lassen sich überhaupt nicht sinnvoll addieren. Ein Beispiel sind prozentuale Umsatzentwicklungen, etwa + *3 %* im *Januar* und – *5 %* im *Februar* oder + *3 %* bei der *Trikotgröße M* und – *5 %* bei der *Trikotgröße L*.

Schließlich können Kennzahlen nach ihrer **Darstellungsform** in **absolute Zahlen** und **Verhältniszahlen** unterschieden werden. Absolute Kennzahlen stellen Werte dar, die sich auf eine konkrete Einheit beziehen, wie z. B. die Anzahl der Fußballspielerinnen im Verein. Verhältniszahlen hingegen stellen zwei Werte gegenüber, etwa den Anteil der Fußballspielerinnen an allen Ballsportlerinnen.

## 5.2 Merkmalskonstruktion

Der Begriff der **Merkmalskonstruktion** (engl. **Feature Engineering**) wird häufig sehr weit gefasst, teilweise werden sogar sämtliche in den Kap. 4 und 5 dargestellten Aufgaben darunter zusammengeführt. In diesem Buch wird eine engere Definition zugrunde gelegt, um die ganz unterschiedlichen Aufgaben der Datentransformation klar voneinander abgrenzen zu können. Im Folgenden werden vier relevante Aufgabenbereiche der Merkmalskonstruktion anhand von Beispielen dargestellt: Merkmalsgenerierung, Merkmalscodierung, Merkmalsskalierung und Diskretisierung

### Merkmalsgenerierung

Bei der **Merkmalsgenerierung** werden aus bestehenden Merkmalen neue Merkmale mit typischerweise höherer Aussagekraft abgeleitet. Abb. 5.2 sind dazu drei Beispiele zu entnehmen. Die Ausgangslage stellen die ursprünglichen Daten, die durch die Ge-

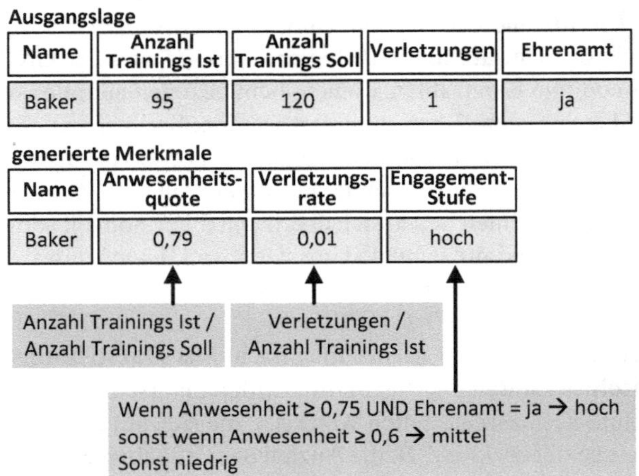


**Abb. 5.2** Beispiel für die Merkmalsgenerierung

nerierung neuer Merkmale an Aussage gewinnen sollen. Der Ist-Wert der *Trainings*, an denen einzelne Mitglieder teilgenommen haben, geteilt durch den Soll-Wert erzeugt beispielsweise eine aussagekräftigere *Anwesenheitsquote*. Die *aufgetretenen Verletzungen* geteilt durch die *Trainings*, an denen das Mitglied teilgenommen hat, ergibt eine *Verletzungsrate*. *Die Engagement-Stufe* könnte über Regeln festgelegt werden, die unter Berücksichtigung von Domänenexpertise definiert worden sind.

## Merkmalscodierung

Durch Verfahren der **Merkmalscodierung** (auch **Feature Encoding**) werden Merkmale wie Texte oder Kategorien in Zahlenwerte überführt. Dies kann nötig sein, da viele statistische und maschinelle Lernverfahren nur mit numerischen Eingabedaten arbeiten können und bestimmte Rechenoperationen wie Abstands- oder Ähnlichkeitsmaße erst dadurch möglich werden. Abb. 5.3 enthält drei Beispiele. Das Merkmal *Ehrenamt* kann zwei verschiedene Ausprägungen annehmen, die in eine entsprechende Zahlenrepräsentation (j*a* = *1*, *nein* = *0*) überführt werden können. In dem Attribut *Position* sind in diesem Beispiel drei verschiedene Ausprägungen zulässig. Mithilfe des **One-Hot-Encoding** wird für jede Ausprägung ein eigenes Merkmal erstellt. Der Wert des Merkmals entspricht für den jeweiligen Datensatz *1*, sofern er zutreffend ist, und *0*, wenn er es nicht ist. Die Ausprägungen im Attribut *Leistungsstufe* besitzen im Gegensatz zu den zuvor betrachteten eine natürliche Reihenfolge, die auch nach der durchgeführten **Umcodierung** erkennbar ist.

## Merkmalsskalierung

Numerische Werte liegen in Datenquellen oft in sehr unterschiedlichen Größenordnungen vor. Damit diese Unterschiede die Analyse nicht verzerren und die Bedeutung einzelner extremer Ausprägungen nicht überbewertet wird, bringt die **Merkmalsskalierung** (auch **Feature Scaling**) alle Werte in einen vergleich-

**Ausgangslage**

| Name | Ehrenamt | Position | Leistungs-stufe |
|---|---|---|---|
| Schuhmacher | ja | Tor | hoch |
| Smith | nein | Abwehr | mittel |
| Kaufmann | nein | Angriff | gering |
| Khabbaz | ja | Abwehr | hoch |

**Ergebnis**

| Name | Ehrenamt | Position Tor | Position Abwehr | Position Angriff | Leistungs-stufe |
|---|---|---|---|---|---|
| Schuhmacher | 1 | 1 | 0 | 0 | 2 |
| Smith | 0 | 0 | 1 | 0 | 1 |
| Kaufmann | 0 | 0 | 0 | 1 | 0 |
| Khabbaz | 1 | 0 | 1 | 0 | 2 |

**Abb. 5.3** Beispiele für die Merkmalscodierung

baren Bereich. Ein weiterer Grund für die Skalierung kann die Einhaltung gewisser Modellprämissen sein. Abb. 5.4 sind drei Beispiele zu entnehmen.

Für das Attribut *Schuss*, durch das die maximal erzielte Geschwindigkeit des Schusses mit einem Fußball je Mitglied ausgedrückt ist, wird die **Min-Max-Skalierung** demonstriert: Dem kleinsten Wert (*60 km/h*) wird dabei eine *0* zugewiesen, dem größten (*140 km/h*) eine *1*. Alle übrigen dokumentierten Geschwindigkeiten werden proportional zwischen diesen Extremen abgebildet.

Ein einfaches Beispiel für die **Normierung** von Daten ist dem Merkmal *Pässe pro Spiel* zu entnehmen. Das Mittel der dargestellten Werte liegt bei *22,5*. Die in den einzelnen Datensätzen gespeicherten Werte werden für die Skalierung durch diesen Mittelwert geteilt, wodurch sich ihre Vergleichbarkeit erhöht: Ergebnisse über *1* kennzeichnen eine Passhäufigkeit oberhalb des Durchschnitts, Werte unter *1* liegen entsprechend darunter.

**Abb. 5.4** Beispiele für die Merkmalsskalierung

**Ausgangslage**

| Name | Schuss (km/h) | Pässe pro Spiel | gehobene Last (kg) |
|---|---|---|---|
| Wagner | 60 | 25 | 120 |
| Färber | 80 | 18 | 500 |
| Skinner | 110 | 35 | 5.000 |
| Knecht | 140 | 12 | 45.000 |

**Ergebnis**

| Name | Schuss | Pässe pro Spiel | gehobene Last |
|---|---|---|---|
| Wagner | 0,0 | 1,11 | 2,08 |
| Färber | 0,25 | 0,80 | 2,70 |
| Skinner | 0,62 | 1,56 | 3,70 |
| Knecht | 1,00 | 0,53 | 4,65 |

Durch das Merkmal *gehobene Last* ist erkennbar, wie viel Gewicht ein Mitglied pro Monat im Kraftraum bewegt hat. Zur Demonstration der **Log-Transformation** werden die ursprünglichen Werte durch ihre Logarithmen (im Beispiel zur Basis 10) ersetzt. Große Zahlen schrumpfen dabei stärker als kleine, wodurch die Werte insgesamt dichter zusammenrücken.

## Diskretisierung

Ziel der **Diskretisierung** ist es, stetige Werte in diskrete Klassen zu überführen. Die gängigste Form der Diskretisierung stellt dabei das **Binning** dar, bei dem der Wertebereich eines Merkmals in feste Intervalle (oder **Bins**) unterteilt wird. Jeder Wert kann dann eindeutig einem dieser Bins zugeordnet werden. Die Intervalle können auf verschiedene Weisen definiert werden. Abb. 5.5 zeigt typische Beispiele: Sie besitzen entweder eine annähernd gleiche Breite, enthalten etwa gleich viele Elemente oder sie sind mithilfe von Domänenexpertise benutzerdefiniert erstellt worden.

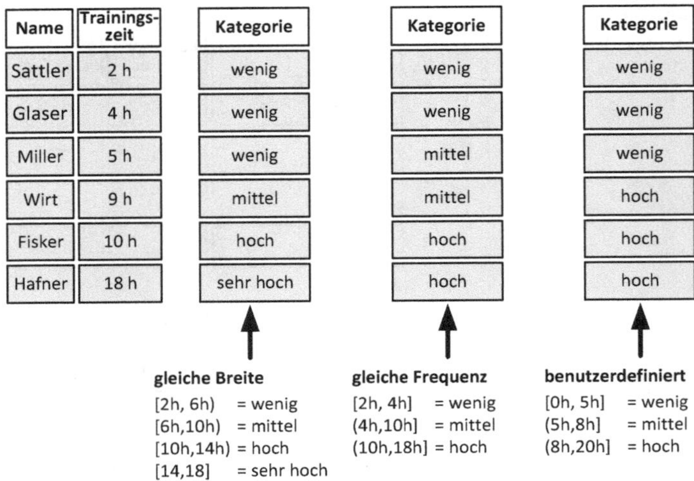


**Abb. 5.5** Beispiele für das Binning

## 5.3 Merkmalsauswahl

Ziel der **Merkmalsauswahl** (auch **Feature Selection**) ist es, redundante oder für die adressierte Analysefragestellung irrelevante Merkmale aus der Datenbasis zu entfernen. Werden unnötige Merkmale berücksichtigt, könnten relevante Merkmale durch das Analyseverfahren ggf. nicht erkannt werden. Zudem kann die Performance der Analyse genauso wie die Verständlichkeit der Datenbasis durch eine geringere Anzahl von Merkmalen gesteigert werden.

Die Teilaufgabe der Entfernung redundanter Merkmale ist häufig trivial. Beispielsweise könnte die *Dauer der Mitgliedschaft* in drei verschiedenen Merkmalen, in den Einheiten *Jahr*, *Monat* und *Tag*, abgelegt sein – zwei dieser Attribute können vor der Durchführung der Analyse entsprechend entfernt werden, da sie perfekt mit dem verbleibenden Merkmal korrelieren und keine zusätzliche Information enthalten. In diesem Schritt der Datenvorbereitung sollten daneben auch Merkmale betrachtet werden,

| | Trainings-häufigkeit | Trainings-minuten | Kalorien-verbrauch | Entfernung des Wohnortes |
|---|---|---|---|---|
| Trainings-häufigkeit | 1,00 | 0,92 | 0,88 | -0,10 |
| Trainings-minuten | 0,92 | 1,00 | 0,95 | -0,15 |
| Kalorien-verbrauch | 0,88 | 0,95 | 1,00 | -0,20 |
| Entfernung des Wohnortes | -0,10 | -0,15 | -0,20 | 1,00 |

**Abb. 5.6** Korrelationsmatrix mit ausgewählten Merkmalen

die zwar nicht exakt dieselbe Information abbilden, aber ebenfalls hoch korreliert sind. Ein Beispiel ist Abb. 5.6 zu entnehmen. Dargestellt ist eine **Korrelationsmatrix**, die dabei hilft, Zusammenhänge zwischen verschiedenen Merkmalen visuell zu erkennen. Der Zusammenhang wird mit einem Wert zwischen *1* (perfekte positive Korrelation) und – *1* (perfekte negative Korrelation) ausgedrückt. Der Wert *0* entspricht einer nichtexistierenden Korrelation. Das Beispiel lässt erkennen, dass das Attribut *Kalorienverbrauch* fast vollständig über die *Trainingsminuten* bestimmt wird. Genauso eignet sich das Merkmal *Trainingsminuten*, um die *Trainingshäufigkeit* fast vollständig abzubilden. Als Ergebnis dieser Analyse könnten also beispielsweise die Attribute *Kalorienverbrauch* und *Trainingshäufigkeit* aus der Datenbasis entfernt werden.

Auch für Analysefragestellungen irrelevante Merkmale sollten entfernt werden. Angenommen, beim *SC Sonnenfeld* soll eine Analyse durchgeführt werden, um Personen zu identifizieren, die eine hohe Wahrscheinlichkeit besitzen, ihre Mitgliedschaft in Kürze zu kündigen. Die errechnete Wichtigkeit einzelner Merkmale zur Beantwortung von Fragestellungen wird häufig in einer **Feature Importance Map** dargestellt (vgl. Abb. 5.7). In dieser ist zu erkennen, dass im Beispiel bereits 75 % der Vorhersagekraft über die ersten drei Merkmale abgebildet wird. Andere Merkmale, dargestellt weiter unten in der Liste, besitzen dagegen eine geringe Vorhersagekraft und können ggf. aus der Datenbasis entfernt werden.

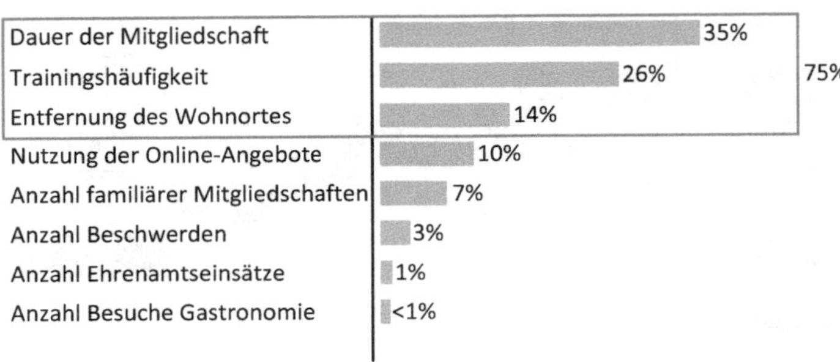


**Abb. 5.7** Beispielhafte Darstellung einer Feature Importance Map

## 5.4 Merkmalsextraktion

Unstrukturierte Daten lassen sich in ihrer Rohform häufig nicht direkt analysieren. Die **Merkmalsextraktion (Feature Extraction)** hat daher das Ziel, aus diesen Rohdaten die für individuelle Analysefragestellungen relevanten Eigenschaften zu identifizieren und in auswertbare Merkmale zu transformieren. Die Gründe für die Merkmalsextraktion ähneln denen der Merkmalsauswahl (vgl. Abschn. 5.3): Auf der einen Seite soll die Performance der Analyse gesteigert, auf der anderen Seite die Komplexität der Daten reduziert werden. In unstrukturierten Daten ist die Informationsdichte häufig geringer als in strukturierten Daten. Durch die Merkmalsextraktion können Teile der Ursprungsdaten entfernt werden, die nicht zur Beantwortung der Analysefragestellung beitragen.

Die Rohdaten können dabei unterschiedliche Strukturen aufweisen, drei Beispiele sind stark vereinfacht Abb. 5.8 zu entnehmen. Es ist jeweils zu erkennen, dass Merkmale, die für bestimmte Analysefragestellungen interessant sind, extrahiert werden.

Bei **Zeitreihen** (a.) werden die Daten häufig in kurze Abschnitte geteilt. In diesen lassen sich z. B. Höchst- und Tiefstwerte bestimmen. Bei **Texten** (b.) wird die Datenbasis üblicherweise zunächst aufbereitet – etwa durch die Vereinheitlichungen von Schreibweisen und das Entfernen nicht relevanter Wörter. Erst anschließend werden wichtige Wörter und Wortgruppen identifiziert und strukturiert gespeichert. In **Bildern** (c.) wird typischerweise versucht, Formen und Muster zu identifizieren

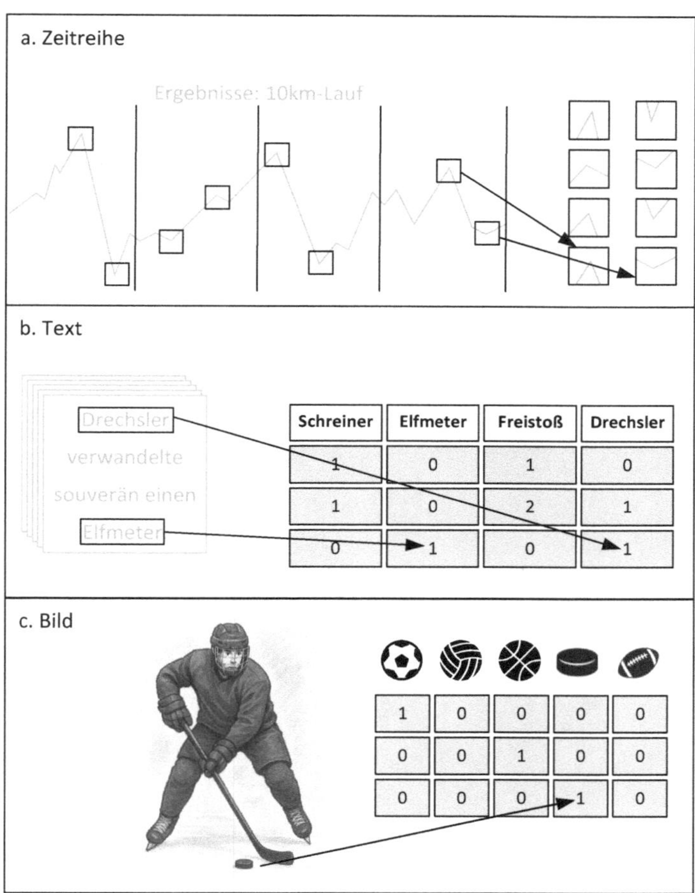


**Abb. 5.8** Beispiele der Merkmalsextraktion aus unstrukturierten Daten

(z. B. Kanten oder runde und eckige Objekte). Dass direkt das Spielgerät – hier der *Puck* – erkannt wird, ist eine Vereinfachung in der Darstellung des Beispiels.

Insgesamt entstehen in realen Projekten deutlich mehr und vielfältigere Merkmale als in den Beispielen dargestellt; das Grundprinzip ist aber dasselbe: unstrukturierte Rohdaten werden in einfache, aussagekräftige Merkmale übersetzt.

# 6 Zusammenfassung

Die Darstellungen in diesem Buch sollen die verschiedenen Arbeitsschritte sichtbar machen, die erforderlich sind, um Daten für analytische Fragestellungen nutzbar zu machen. Im Mittelpunkt steht nicht die lückenlose Aufzählung aller Techniken, sondern ein klarer Überblick über Aufgaben, Entscheidungen und typische Abwägungen – von der Beschaffung über die Modellierung bis zur Aufbereitung. Dabei wird deutlich, warum dieser Projektabschnitt häufig den größten zeitlichen Anteil eines Analysevorhabens ausmacht.

Die Erzeugung einer tragfähigen Datenbasis für die Analyse ist das Resultat einer Kette komplexer Aufgaben. Am Anfang steht die Beschaffung, entweder werden Primärdaten gezielt erhoben, Sekundärdaten per Extraktion eingebunden oder synthetische Daten erzeugt. Diese Daten werden je nach Anforderung einmalig oder wiederholt bereitgestellt.

Durch die Datenmodellierung wird ein analytisches Zielmodell festgelegt, das die anschließende Analyse optimal unterstützt. Dieses kann anschließend mit den aufbereiteten Daten befüllt werden.

Bei der allgemeinen Datenvorbereitung können u. a. Tabellen integriert, Daten aggregiert und schützenswerte Daten anonymisiert werden. In der sich anschließenden analysespezifischen Aufbereitung werden v. a. Kennzahlen und Merkmale konstruiert.



S. Gerlach, M. Schulz, *Analytische Datenmodellierung und -bereitstellung*, IT kompakt,
https://doi.org/10.1007/978-3-658-51424-2_6

In all diesen Schritten ist ein strukturiertes und dokumentiertes Vorgehen von hoher Relevanz. Schon kleine Ungenauigkeiten können sich über verschiedene Transformationsschritte aufaddieren. Dazu ein Beispiel: Ein Mitarbeiter des *SC Sonnenfeld* hat die regelmäßige Aufgabe, die zu bestellenden Getränkekisten für Heimspiele des Basketballteams festzulegen. In der Vergangenheit wurden – je nach Spiel – 40 bis 120 Kisten benötigt; der durchschnittliche Prognosefehler des Mitarbeiters lag bei zehn Prozent.

Das Ziel ist es, die Expertenschätzung durch eine automatisierte Analyse abzulösen. Dafür ist zunächst eine analytische Datenbasis zu bilden. Die Aufbereitung der vorhandenen Daten (vgl. Abb. 6.1) umfasst die folgenden zwölf Aufgaben:

**Aufgabe 1** Aus den Quellsystemen sind die relevanten Daten zu den Heimspielen der Basketballmannschaften zu extrahieren. Spiele von Kindermannschaften werden dabei herausgefiltert, da dort aufgrund der geringen Zuschauerzahlen kein regulärer Getränkeverkauf stattfindet und die Versorgung i. d. R. durch die Eltern organisiert wird.

**Aufgabe 2** Einige der verwendeten Daten enthalten personenbezogene Angaben zu dem eingesetzten Personal. Diese sind zu anonymisieren.

**Aufgabe 3** Relevante Ähnlichkeiten von Spielen werden markiert. Die Identifikation erfolgt z. B. über vergleichbare Anwurfzeiten und Wochentage sowie über eine ähnliche Attraktivität der Gegner.

**Aufgabe 4** Zur Ermittlung der Zuschauerzahlen vergangener Spiele sind die Online-Verkäufe und die an der Tageskasse verkauften Karten zusammenzuführen; zusätzlich werden die verkauften Dauerkarten berücksichtigt.

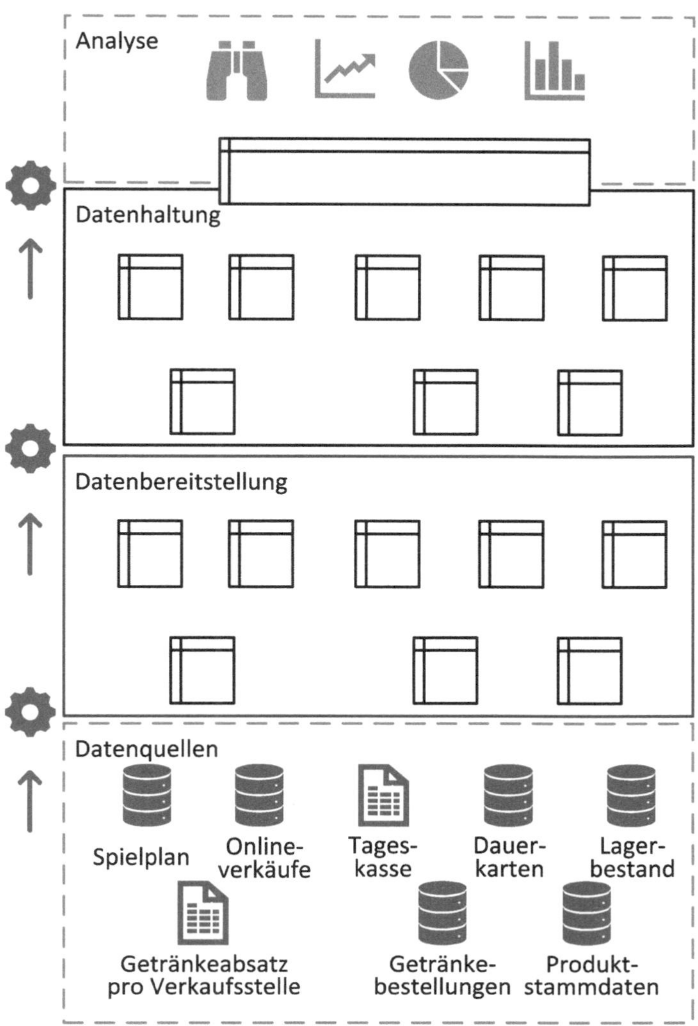


**Abb. 6.1** Datenhaltung zur Analyse der Beschaffungsmenge von Getränken

**Aufgabe 5** Bei Spielen der Jugendmannschaften ist der Anteil minderjähriger Zuschauerinnen und Zuschauer üblicherweise höher als bei anderen Partien. Diese Spiele werden in den Daten gesondert gekennzeichnet, damit dies bei der Planung des Getränkeangebots berücksichtigt werden kann.

**Aufgabe 6** Die manuellen Aufzeichnungen der Verkaufsstellen werden ausgewertet, um die verkauften Getränkemengen zu ermitteln.

**Aufgabe 7** Aus den Rückläufen – also den nach Spielende ins Lager zurückgebrachten Restbeständen – wird abgeleitet, ob zu viele Getränke beschafft wurden. Fallen keine Rückläufe an, wird dies ebenfalls als Datenpunkt erfasst; in diesem Fall wird eine Unterbeschaffung angenommen.

**Aufgabe 8** Getränkeflaschen werden in 0,33- bzw. 0,5-Liter-Gebinden beschafft. Die erfassten Stückzahlen sind daher in Liter umzurechnen, um Vergleich und Aggregation zu ermöglichen.

**Aufgabe 9** In der Vergangenheit wurden Getränke nicht immer von denselben Herstellern bezogen. Positionen mit unterschiedlichen Produktnummern, aber identischer Produktgruppe (z. B. *Wasser*, *Cola*, *Bier*), werden daher herstellerunabhängig zusammengeführt.

**Aufgabe 10** Die Mitarbeiterinnen und Mitarbeiter der Verkaufsstellen sind für die Meldung der verkauften Mengen je Produktgruppe verantwortlich. Da dies mitunter unterbleibt, entstehen Fehlwerte; diese werden durch geeignete Imputationsverfahren ersetzt.

**Aufgabe 11** Der Datenbestand weist einige Ausreißer auf: Am Tag der Meisterfeier war der Absatz alkoholischer Getränke ungewöhnlich hoch; bei einem anderen Spiel führte ein Ausfall der Kassensysteme zu untypisch niedrigen Verkäufen. Solche Sonderfälle werden identifiziert und aus der Datenbasis entfernt.

**Aufgabe 12** Sämtliche Daten werden auf Spielebene aggregiert.

Dieses Beispiel behandelt eine sehr einfache Analysefragestellung. Dennoch umfasst die Datenaufbereitung zahlreiche Aufgaben, die teilweise auch mit Unsicherheiten behaftet sind und für deren Bereitstellung sowohl tiefes Daten- als auch Domänenverständnis erforderlich ist. Zur Verdeutlichung ein bewusst stark vereinfachendes Rechenbeispiel: Würde in jeder einzelnen Aufgabe die Aufbereitung nur zu einem Prozent fehlerhaft sein und würden sich diese Abweichungen aufsummieren, läge die Gesamtabweichung bereits vor der eigentlichen Analyse über der Abweichung der Expertenschätzung mit einem durchschnittlichen Fehler von zehn Prozent.

Es ist daher unabdingbar, bei allen Schritten der Datenaufbereitung planvoll und sorgfältig vorzugehen. Insbesondere wenn mehrere Rollen am Analysevorhaben beteiligt sind, ist ein enger, kontinuierlicher Austausch erforderlich.

# Stichwortverzeichnis




S. Gerlach, M. Schulz, *Analytische Datenmodellierung und -bereitstellung*, IT kompakt,
https://doi.org/10.1007/978-3-658-51424-2

Zeitfracht Medien GmbH
Ferdinand-Jühlke-Straße 7
99095 Erfurt, Deutschland
produktsicherheit@kolibri360.de